LUIGI GUGLIELMONI – FAUSTO NEGRI

NON AVERE PAURA!

Itinerario anti-panico per adolescenti e giovani

SAN PAOLO

Illustrazioni: Cristina Poggioli

Grafica e impaginazione: Natascia Cendron

Sesta edizione 2010

Piazza Soncino, 5 - 20092 Cinisello Balsamo (Milano)
www.edizionisanpaolo.it
Distribuzione: Diffusione San Paolo s.r.l.
Corso Regina Margherita, 2 - 10153 Torino

ISBN 978-88-215-5069-0

UNA SINGOLARE INIZIATIVA

(quasi una *Introduzione*)

Nell'ultimo incontro prima del Sacramento della Cresima, Don Paolo, il sacerdote che aveva seguito i ragazzi negli anni del catechismo, esordì dicendo:
«Molti ragazzi, anche più grandi di voi, a volte mi chiedono: "DonPa, a cosa serve la fede? Che utilità mi può dare il credere in Dio?". Poiché è una domanda "da raddoppio", ho pensato per molto tempo come rispondere, e oggi sono arrivato a questa conclusione: A niente! La fede non dà da mangiare, non fornisce automaticamente una pagella con dieci in tutte le materie, non fa trovare il partner giusto... Però, è la cosa più utile al mondo. Perché? Perché la fede caccia via tutte le paure! Meglio, la fede porta all'amore di Dio e del prossimo, e chi ama ha un motivo per vivere che lo aiuta a superare tutte le angosce, le difficoltà, i contrattempi, le amarezze... le paure, appunto!».
Il silenzio nella sala di riunione era totale.
Don Paolo continuò:
«Voi, anche se non sempre lo ammettete, avete mille paure: paura di non piacere, di NON essere accettati, di non essere all'altezza, di non farcela. Forse alcuni sono angosciati dalle vicende brutte del passato; altri temono il futuro (come sarà... e poi, ci sarà un futuro?); tutti abbiamo difficoltà,

infine, ad affrontare il presente con i tanti impegni quotidiani. Quasi nessuno si piace, si accetta, si vuole bene. Non vorreste voi, tutti, essere qualcun altro, vivere in qualche altro posto, con altre possibilità, con un altro fisico (magari "bestiale"), un'altra intelligenza, altro denaro in banca, altri genitori, altri insegnanti o compagni di banco...?
E voi non siete i soli ad avere delle paure. Anche noi adulti siamo spesso angosciati: solo che siamo più bravi a mascherarci... e ad assicurarci. Se potessimo, metteremmo una porta blindata al cimitero e faremmo un'assicurazione a vita sulla paura delle paure: la morte! Non potendo fare così, l'abbiamo rimossa e ci siamo buttati a capofitto sulle cose, sull'apparenza esteriore, sul voler sembrare giovani persino quando siamo decrepiti!».
Don Paolo sembrava una Ferrari: nessuno lo poteva più arrestare:
«A che serve la fede? A non avere paura. Cosa ci guadagno? Tutto quanto di autentico e di bello puoi desiderare.
La fiducia nel Signore non toglie la fatica, ma le dà un senso. Se uno ha un perché, affronta qualsiasi cosa. Se uno, invece, non è motivato, gli costerà fare qualsiasi cosa... anche riposare!
La fede è il miglior salvavita, perché fa sperimentare un Dio sempre vicino. È il miglior sistema antifurto per non farsi scassinare il cuore. È il migliore investimento perché, con piccole "azioni", dona il centuplo qui e poi l'eternità.

È gratuita, non costa niente: solo lo sforzo di aprire la porta per far entrare il Signore. È libera: ognuno deve decidere se vuole impegnarsi giorno per giorno nel seguire le orme di Gesù.
Ma noi abbiamo paura anche di Dio... anche quando in Gesù si è fatto uno di noi. E Dio lo sa bene, tanto che in tutta la Bibbia (dalla *Genesi* all'*Apocalisse)* continua a ripetere: "Non avere paura!... Non temere!... Coraggio, ci sono Io!". Gli esperti dicono che queste frasi sono in totale 365. È come se il Signore, ogni giorno, ci volesse regalare delle vitamine anti-panico».

Poiché qualcuno iniziava a dare qualche segno di nervosismo, don Paolo concluse:

«"Anche se voi mi abbandonerete, io non vi lascerò mai!". Queste sono parole del Signore nella Bibbia. Ma questo è anche il messaggio che vi lascio per il dopo Cresima. "Io non vi lascerò"; anzi, vi dico di più: "Non riuscirete a liberarvi di me!". So infatti che alcuni di voi pensano di non venire più agli incontri del gruppo. Ebbene, se voi non verrete più qui, io ho trovato il modo per venire da voi. Poiché tutti avete il computer, ogni due/tre settimane vi farò pervenire una *e-mail* con riflessioni, racconti, provocazioni perché voi continuiate ad essere "teste pensanti" e possiate crescere in tutte le dimensioni umane: prima fra tutte, la fiducia nel Signore».

Poi Don Paolo scoprì un grosso cartellone con l'indice delle e-mail *che avrebbe inviato ad ognuno.*

Lo schema era il seguente:

SCHEMA

Cap.	Riferimento biblico	Tema
I	Adamo = l'uomo	*Apri la porta al Signore*
II	Abramo	*Mettiti in cammino*
III	Mosè	*Insieme ad altri*
IV	Davide	*Con le armi che hai*
V	Isaia	*Senza peli sulla lingua*
VI	Geremia	*A muso duro!*
VII	Elia	*Rientra in te stesso*
VIII	Giobbe	*Affronta le prove*
IX	Osea	*Impara l'arte di amare*
X	Giuseppe	*...con piccoli gesti*
XI	Maria	*C'è una debolezza che è forza*
XII	Sacra Famiglia	*Non cresci da solo*
XIII	Pietro	*«Coraggio, sono Io!»*
XIV	Tommaso	*Ma tu abbi coraggio*
XV	Discepoli	*Lo Spirito ti dà l'energia...*
XVI	Paolo	*...per vivere da entusiasta*

GENERALE

Riferimento a paure e fatiche	Virtù
Paura di affidarsi	Fede
Paura del futuro	Speranza
Fatica del fare comunità	Carità
Senso di inadeguatezza	Coraggio
Paura di dirsi	Autenticità
Paura dell'ambiente	Solidarietà
Paura del silenzio	Solitudine
Paura della sofferenza	Fortezza
Paura dei sentimenti	Amabilità
Paura della quotidianità	Coerenza
Fatica di accettarsi	Autostima
Difficoltà in famiglia	Amore
Paura di "buttarsi"	Amore a Dio
I rischi del credere	Fede
Paura della...	Testimonianza
La gioia della fede	Gioia

SCHEMA DI OGNI SINGOLO CAPITOLO:

APRI: ... la Bibbia e leggi

SALVA: la tradizione. Precetti, indicazioni, preghiere della Chiesa.

POSTA ELETTRONICA: c'è posta per te

VAI A... : ... frasi significative sul tema, dette con un sorriso.

ESPLORA RISORSE: ... le tue. Interrogativi per riflettere e proposte per agire.

A TUTTO SCHERMO: ascolta il Signore e pregalo

TROVA: ... tutti i "file": racconti, parabole, testimonianze...

AVANZAMENTO RAPIDO: consiglio finale di sintesi e di rilancio.

VIRUS E/O ANTIVIRUS: pensieri e consigli per "rovinarsi" la vita o per non farsela "infettare".

La paura dai mille volti
bussò alla porta.
La fede andò ad aprire.
Là fuori
non c'era nessuno.

Dalle settimane successive, con frequenza costante, cominciarono ad arrivare nelle case dei singoli ragazzi – per posta elettronica – i testi che seguono. Li riportiamo integralmente.

1. Amico dove sei?

Dio ci ha fatti a sua somiglianza e noi gli abbiamo restituito il favore facendoci un Dio a nostra immagine. Così abbiamo fatto di lui o un "Essere che sputa fuoco e fiamme" o "il dolce Vecchietto dalla barba bianca che non disturba nessuno". Dio è invece l'Immenso, l'Eterno, l'Onnipotente e, nello stesso tempo, il Vicino, il Padre che ama. Un sano rapporto con lui include il timore (Dio è Altro da noi), ma esclude la paura. Dio è Dio: dal tuo rapporto con lui dipende la tua vita: non avere paura ad affidarti!

Genesi 3,8-10

Ho avuto paura...

Verso sera l'uomo e la donna sentirono che Dio, il Signore, passeggiava nel giardino. Allora, per non incontrarlo, si nascosero tra gli alberi del giardino. Ma Dio, il Signore, chiamò l'uomo e gli disse: «Dove sei?». L'uomo rispose: «Ho udito i tuoi passi nel giardino. Ho avuto paura perché sono nudo e mi sono nascosto».

Dio gioca a nascondino

Il Signore Dio, dopo aver creato la terra, le piante e gli animali, progettò l'uomo e la donna perché voleva qualcuno che stesse davanti a lui, capace come lui di amare.
Un giorno disse agli uomini: «La mia gioia sta nel giocare sulla terra con i figli dell'uomo... Volete giocare con me?». Gli uomini risposero in coro: «Sì, ma a cosa giochiamo?». «A nascondino», propose Dio. «Che bello!», esclamarono gli uomini. E cominciarono il gioco. A Dio più che cercare piaceva farsi cercare... anche perché quando lui "stava sotto" riusciva a scoprire e a chiamare tutti per nome in un battibaleno. Così andò a nascondersi e lasciò gli uomini e le donne con l'incarico di cercarlo.
Aspetta, aspetta... non arrivava nessuno.

Dopo parecchio tempo, si accorse che gli uomini si erano dimenticati di lui ed erano occupati in altre attività. Dio ci rimase male: nessuno andava a trovarlo. Egli era davvero il grande emarginato: voleva farsi trovare, anche perché aveva dei doni da regalare ad ognuno, ma nessuno sembrava interessarsi di lui.

Poiché Dio è fedele, andò lui a cercare gli uomini. Li trovò indaffarati in mille occupazioni (nessuno aveva più tempo), attorniati da una vera e propria montagna di oggetti inutili, nascosti dietro al «così fan tutti», pieni di aggressività verso i loro simili. Di più: alcuni si nascosero alla sua vista, pieni di paura; molti si vergognavano di averlo conosciuto; altri, addirittura, non sapevano neanche della sua esistenza.

Dio però, davanti a questa situazione a dir poco imbarazzante, non si diede per vinto. Cercò, con grande tenacia e ostinazione, qualcuno che accettasse di fare amicizia con lui...

«Secondo te è vero che oggi pochi cercano il Signore o si lasciano da lui trovare? Il vero male di oggi è l'indifferenza religiosa (vivere, cioè, come se Dio non esistesse)? Esiste una possibile soluzione?».
«Credo che Dio di mestiere faccia ... l'artista, che prepara pezzi unici e mai di serie; il contadino, che semina sempre fiducioso di raccogliere; l'allenatore, che sceglie l'uomo giusto al posto giusto per il bene della squadra...»... (*continua tu...*).

Che cosa cerchi, maestro?

Il maestro esaminava il suolo davanti a casa sua.
«Che cosa cerchi, maestro?», domandarono i vicini.
«Ho perso il mio ago», rispose l'anziano.
I vicini si misero a cercare insieme con lui. Qualcuno osservò: «Sta per fare buio, non abbiamo molto tempo. Cerca di ricordarti dove hai lasciato cadere l'ago».
«L'ho perduto dentro, in casa mia!», fu la risposta.
«Ma allora – si stupirono i vicini – perché cercarlo sulla strada?».
«Perché qui c'è luce – spiegò il maestro – mentre da me è tutto buio».
«Ma andiamo – protestò uno – anche con

la luce non troverai mai un ago che non c'è. Rientra piuttosto in casa e accendi la lampada!».
Il maestro si mise a ridere: «Voi siete molto scaltri quando si tratta di cose banali! Quando allora vi servirete della vostra intelligenza per vivere in profondità? Vedo che cercate tutti al di fuori quello che avete perso dentro. Credete di poter trovare Dio nel mondo esteriore? L'avete perso dunque da qualche parte al di fuori di voi stessi?».
Lasciò là i vicini confusi, e rientrò in casa.

(racconto sufi)

Sto alla porta e busso

Il pittore Holman Hunt aveva terminato un suo quadro. Rappresentava il Signore davanti a una porta.
Prima di esporlo e di apportare eventuali ritocchi, volle sentire il parere di alcuni amici.
Tutti ammirarono la bellezza della figura del Signore, solenne e rispettosa presso la casa oscura. Nessuno trovava difetti o errori; ma finalmente uno osservò: «Maestro, mi pare che manchi qualcosa alla porta di casa. Come si può entrare se non c'è la maniglia?».
Il pittore rispose: «Amico, hai ragione, non ho dipinto la maniglia alla porta della casa. Però ricordati che la porta, alla quale il Signore bussa, si apre soltanto dall'interno!».

SMS
SEI MOLTO
SCIOCCO...

se cerchi fuori di te, ciò che solo in te puoi trovare!

CARTA D'IDENTITÀ DI

DIO

Volto: COME QUELLO DI UN PAPÀ BUONO... IMMAGINALO TU!

Mani: POTENTI E DELICATE: SANNO CORREGGERE, ACCAREZZARE E SORREGGERE.

Piedi: CON I CALLI, PERCHÉ SEMPRE IN MOVIMENTO ALLA RICERCA DELL'UOMO.

Occhi: ACUTISSIMI: SANNO VEDERE COSA C'È NEL PROFONDO DI OGNI CUORE.

Segno particolare: SUI PALMI DELLE MANI VI È SCRITTO IL NOME DI OGNI UOMO.

Memoria: FORMIDABILE! ANCHE SE UNA MADRE SI DIMENTICASSE DEL SUO BAMBINO, LUI NON SI DIMENTICA MAI DI NESSUNO.

Età: INDEFINIBILE. È VECCHISSIMO E NELLO STESSO TEMPO È IL PIÙ GIOVANE DI TUTTI.

Lavoro: PERDONARE.

Lato debole: SCARSO IN MATEMATICA. CONTA FINO A UNO E POI RICOMINCIA. NON CI SONO INFATTI DUE PERSONE UGUALI, MA NEMMENO DUE FIOCCHI DI NEVE IDENTICI.

Luogo preferito: AI BORDI DEL SILENZIO.

Canzone preferita: "E TI VENGO A CERCARE" (DI FRANCO BATTIATO).

Carattere: PUR ESSENDO IL "DIVO" PER ECCELLENZA, PREFERISCE LA COMPAGNIA DELLA GENTE MODESTA.

Valutazione complessiva: IMMENSO, MITICO!

La fede è come...

...un **COLLIRIO**: ti dona occhi limpidi.
...un **CELLULARE**: ti mette in contatto con Dio ovunque ti trovi.
...un **MICROSCOPIO**: ti fa percepire la grandezza anche di ciò che è piccolo.
...la **STELLA ALPINA**: la conquisti camminando verso l'alto.
...un **CIELO DI NOTTE**: più lo contempli, più stelle vi scorgi.
...un **FARO NELLA NOTTE**: ti indica la direzione del porto.
...il **PARACADUTE**: ti dà sicurezza anche quando c'è il vuoto attorno.
...il **SENTIERO DI CAMPAGNA**: è passato prima uno solo, poi alcuni, poi tanti, e si è formata la strada.
...le **FIACCOLE**: una accende l'altra.
...l'**ANELLO NUZIALE**: è camminare con Dio ed essergli fedele.

Fede

«Io credo nell'esistenza di Dio, nonostante tutte le sciocchezze che mi hanno detto per farmelo credere». (Pitigrilli)

«La risposta migliore da dare ad un ateo è di preparargli un buon pranzo e poi domandargli se crede che ci sia una cuoca». (Louis Nizer)

«Dio si nasconde per farsi cercare». (Paolo VI)

Atto di fede

Mio Dio,
poiché sei verità infallibile,
credo tutto quello che tu hai rivelato
e la santa Chiesa ci propone di credere.
Credo in te, unico vero Dio in tre Persone uguali e distinte:
Padre, Figlio e Spirito Santo.
Credo in Gesù Cristo, Figlio di Dio,
incarnato, morto e risorto per noi,
il quale darà a ciascuno, secondo i meriti, il premio o la pena eterna.
Conforme a questa fede voglio sempre vivere.
Signore, accresci la mia fede!

Io sono nascosto, ma sempre mi rivelo
a chi mi cerca con cuore sincero.
Io busso alla porta del cuore,
ma rispetto la libertà di ognuno:
entro là dove mi si lascia entrare.
Se nessuno ti viene a cercare,
non temere di essere solo:
io da sempre ti voglio incontrare!

(Firmato: DIO)

Continua a bussare, Signore!

Signore, dovrei solo ringraziarti,
con il cuore colmo di gioia, per il dono della fede.
Invece, spesso, ho vergogna di dirmi credente.

Ho paura ad aprirti la porta di casa mia
perché percepisco la mia fragilità
e conosco bene le mie debolezze e incoerenze.

Signore, continua a bussare senza stancarti:
guidami tu con forza e saggezza
e dona stabilità ai miei impegni e scelte.

So che farai questo per me.
Ti ringrazio per la tua fedeltà
e per il tuo amore che non ha fine.
Fa' rinascere in me il coraggio!

(cfr. Salmo 27)

«Aprite le porte a Cristo! Non abbiate paura di lasciargli varcare la soglia di casa vostra, di avvicinarvi a lui, di parlare con lui faccia a faccia, come ci si intrattiene con un amico. Non abbiate paura della vita nuova che egli vi offre». (Giovanni Paolo II, XIII Giornata Mondiale della Gioventù, 15 agosto 1996)

2. Camminerò, camminerò...

Il card. Martini ha affermato che «il credente è in qualche modo un non credente che si sforza ogni giorno di cominciare a credere». La fede è un cammino che, come ogni viaggio, comporta impegni, fatiche e qualche rischio... Non temerli e continua a camminare!

Genesi 15,1.6

Io ti proteggo

Il Signore parlò in visione ad Abram e gli disse: «Non temere! Io ti proteggo come uno scudo. La tua ricompensa sarà grandissima». Abram ebbe fiducia nel Signore e per questo il Signore lo considerò giusto.

Lettera di Abramo a un ragazzo d'oggi

Ciao, vecchio mio!... Scusa la battuta: lo so che il vecchio in questa storia sono io! Sono nato infatti circa 4.000 anni fa e la mia avventura è iniziata alla veneranda età di 75 anni (della serie: "Non è mai troppo tardi"... per il Signore!).
Ero un uomo che aveva tutto: terra, armenti, servi e soprattutto la mia "principessa" (questo il significato del nome di mia moglie, Sara). Eppure non ero soddisfatto: la mia vita era guidata da altri e io ero irrequieto, convinto di avere più futuro che passato!
Sentii prepotente la chiamata del Signore che mi invitava a lasciare tutto per soddisfare le profonde esigenze del mio cuore.

Anche se chi mi conosceva mi prese per matto, partii da Ur, la mia città in Mesopotamia, e mi incamminai verso l'ignoto. Presi la via del Nord, lungo la pista percorsa dai beduini del deserto: vissi per anni sotto una tenda, combattendo la natura e gli animali, improvvisandomi guerriero, cacciatore, sacerdote... Mi accorsi che Qualcuno, più forte di tutti gli altri dèi, camminava accanto a me, sempre: e mi affidai a lui. Imparai a conoscere Dio non pensando o studiando sui libri, ma camminando! Una notte, sotto uno splendido cielo di stelle, il Signore mi parlò: «Abramo! Guarda il cielo: riesci a contare le stelle? Tu avrai una discendenza ancor più numerosa. Ti renderò padre di una moltitudine di popoli!». «Ma, Signore – replicai – io non ho neppure un figlio e sono già molto vecchio».

Dubitai molte volte di quella promessa, ma capii che il Signore è un Dio fedele che mantiene la parola data. Ebbi un figlio e lo chiamai Isacco, il "figlio del sorriso".

Nella nuova terra dove ero arrivato, le divinità venivano onorate con un sacrificio crudele: la morte del primogenito. Sentii che il Signore mi chiedeva di sacrificare ciò che avevo di più caro. Portai mio figlio su un'altura per il sacrificio, fidandomi ciecamente di Dio: ma il Signore non voleva vittime umane. La strada ora si faceva più chiara. Mi sentii felice, realizzato. Continuando a camminare, appresi dai fatti che la presenza amica di Dio mi accompagnava sempre (Genesi 17,1). Compresi che egli mi superava sempre in generosità.

Morii con un unico figlio e con un pezzo di terra largo quanto una tomba. Ma il mio cuore non disperò mai: io sperai contro ogni speranza e oggi sono il "padre nella fede" e "fonte di benedizione" per tutti coloro che credono nel Dio unico: un popolo immenso!

Un consiglio: la scoperta di Dio nella tua vita non è una cosa semplice. Se vuoi scoprire Dio, non adagiarti, non diventare come un pensionato in pantofole davanti alla TV! Cammina! Con fiducia, affronta la vita come ti si presenta! Non fare come quel mendicante che, seduto su una cassa d'oro, chiedeva l'elemosina: tu possiedi un'arca piena d'oro nella vita che vivi! Non avere paura del futuro: non sei solo! Fidati!

La personale "HIT PARADE" di Abramo:

1° posto: STRADA FACENDO (di Claudio Baglioni)... *«Strada facendo troverai un gancio in mezzo al cielo e sentirai la strada far parte del tuo cuore: vedrai più amore, vedrai».*
2° posto: L'ISOLA CHE NON C'È (di Edoardo Bennato)... *«E ti prendono in giro se continui a cercarla, ma non darti per vinto perché chi ci ha già rinunciato e ti ride alle spalle forse è ancora più pazzo di te».*
3° posto: GENTE CHE SPERA (Articolo 31): *«Noi, gente che spera, cercando qualcosa di più in fondo alla sera...».*
4° posto: IO VAGABONDO (Nomadi): *«...soldi in tasca non ne ho, ma lassù mi è rimasto Dio».*
5° posto: SÌ, VIAGGIARE (Lucio Battisti): *«...evitando le buche più dure, senza per questo cadere nelle tue paure. Rallentando per poi accelerare. Con un ritmo fluente di vita nel cuore, gentilmente senza strappi al motore».*
P.S. Non entrano in classifica, perché non rappresentano lo stile di vita di Abramo le due canzoni di Vasco Rossi "Vado al massimo" e "Vita spericolata".

Pensando al tuo futuro, fai un elenco delle tue paure in ordine di importanza. Da chi intendi farti aiutare per affrontarle? Al Signore che posto riservi in tutto questo?
Prova a paragonare questi due eroi: Abramo e Ulisse. Questi è l'uomo che con la sua intelligenza cerca di arrivare, con un ritorno all'indietro, alla sua patria d'origine. Abramo, invece...

I vari tipi di zaino sul mercato:

Zaino Cicciobello *(per lui) e Barbie (per lei): prodotto dalla ditta "Narciso", contiene ogni tipo di prodotti per rinfrescarsi, abbellirsi, tonificarsi: creme protettive e rassodanti, profumi per ogni occasione, oli speciali per far risaltare i muscoli, pettini e specchi di ogni tipo. Contiene anche una serie di poster raffiguranti i divi e le "veline" più affascinanti. Naturalmente non vi stanno molte altre cose. Adeguato a chi vuole contemplare se stesso.*

Zaino Millegusti*: prodotto dalla Ditta "Guaiachimelotocca", è zeppo di patatine, merendine, caramelle, biscotti, gelati, coca cole, ciupa-ciupa e leccornie di ogni genere. Chiaramente non mancano vasetti della mitica Nutella! Contiene anche un* "manuale anti-affaticamento" e un materassino auto-gonfiabile realizzato dal "Club Nati stanchi". Zaino molto pesante (almeno in partenza), ma molto adatto per chi vuole "gustarsi" tutto nella vita e non ha molta voglia di camminare.

Zaino Scherzi-a-parte: *prodotto dalla ditta "Ridolini & C", ha colori molto vivaci. Contiene carte da gioco, tarocchi, la piccola enciclopedia delle barzellette sporche; ma anche un kit di fuochi di artificio, palloncini gonfiabili, spray puzzolenti. Non manca una piccola play-station, un riproduttore CD e il registratore a cuffiette. Particolarmente idoneo per chi vuole divertirsi, sempre e comunque.*

N.B. *Se hai intenzione di arrivare alla meta, lascia questi zaini dove sono. Anche se sembrano affascinanti, di fatto sono trappole che impediscono il cammino. È meglio il tuo normale zainetto di scuola, pieno di entusiasmo e di cose essenziali (la tenda perché sei un pellegrino e non un residente, scarpe comode perché "camminando s'apre il cammino", cibo per un paio di giorni, cannocchiale per guardare lontano, bussola per capire la direzione del viaggio, una Bibbia per conoscere bene Colui che sempre ti accompagna...).*

Tre tipi di felicità

Alcuni discepoli chiesero al loro maestro: «Parlaci della felicità». Il maestro iniziò a raccontare: «Un gruppo di escursionisti partì alla conquista di una difficile vetta. Alcune ore dopo la partenza si erano divisi in tre gruppi.
Nel primo gruppo si erano riuniti coloro che rimpiangevano di aver lasciato l'albergo. "Chi ce lo fa fare?" disse qualcuno. Decisero così di tornare indietro.
Nel secondo gruppo nessuno era dispiaciuto di essere partito, ma davanti alle difficoltà della salita qualcuno suggerì: "Guardate che panorama! Non faremmo meglio a goderci la montagna qui dove stamo?". Così si sdraiarono sull'erba o esplorarono i dintorni, aspettando l'ora del picnic.
Altri, invece, i veri alpinisti, non staccavano gli occhi dalla vetta che avevano deciso di conquistare. E ripresero la salita».
Dopo un breve silenzio, il maestro continuò: «Le persone del primo gruppo rappresentano gli stanchi e i pessimisti. Per essi l'esistenza è uno scacco, un'illusione. La loro è una felicità di tranquillità. Per loro l'uomo felice è colui che meno pensa, sente, desidera. Le persone del secondo gruppo sono i buontemponi. Essi si riempiono del momento presente e il loro scopo è quello di "godere di ogni cosa, senza nulla lasciar perdere". La loro è una felicità di piacere: lo scopo della vita non è agire e creare ma divertirsi. Il terzo gruppo rappresenta invece gli appassionati: coloro per cui vivere è una salita e una scoperta continua. La loro è una felicità di sviluppo. La gioia non è direttamente il loro fine, ma arriva quale ricompensa delle loro azioni... ed è una grande gioia, piena di fede, di speranza e di amore!»

(Liberamente tratto da *Sulla felicità* di Teilhard de Chardin)

Atto di speranza

Mio Dio, spero dalla tua bontà,
per le tue promesse e per i meriti
di Gesù Cristo, nostro Salvatore,
la vita eterna
e le grazie necessarie per meritarla
con le buone opere,
che io debbo e voglio fare.
Signore, che io possa goderti in eterno!

Le tentazioni del pellegrino:

1. La tentazione del ***"COSÌ FAN TUTTI"***: di camminare, cioè, "secondo" gli altri, dietro alle mode del momento.
2. La tentazione del ***"MI FACCIO DA SOLO"***: di voler camminare senza gli altri, senza contare su di loro, senza dare una mano quando ne hanno bisogno.
3. La tentazione del ***"NON SI SA MAI"***: di voler camminare carichi di cose che danno sicurezza, ma appesantiscono o impediscono il cammino.
4. La tentazione del ***"CHI ME LO FA FARE?"***: di abbandonare l'impresa o di prendere scorciatoie quando la fatica si fa sentire, quando compaiono le inevitabili difficoltà.
5. La tentazione del ***"TUTTO E SUBITO"***: dell'attivismo, della fretta; non c'è tempo per la pausa, il silenzio, la revisione, la preghiera.
6. La tentazione del ***"BOH!"***: dell'indecisione perenne, del non saper mai dove andare, quale direzione scegliere… perché bisogna lasciare altre cose.
7. La tentazione del ***"PERCHÉ PROPRIO IO?"***: di cambiare strada quando lungo il cammino si incontra il fratello "ferito-nudo-abbandonato".
8. La tentazione del ***"GRAZIE, NON HO BISOGNO!"***: del voler camminare "senza Dio", contando solo sulle proprie forze.
9. La tentazione del ***"PENSACI TU!"***: di chiedere che Dio faccia tutto Lui, al posto nostro.
10. La tentazione del ***"MI SENTO – NON MI SENTO"***: di andare secondo l'umore del momento, del non lottare per arrivare dove Dio ci vuole.

Cammino

«Alcuni vivono con una tale cautela, che muoiono quasi nuovi di zecca».
(Michael Richter)

SMS
SINGOLARE MESSAGGIO SAPIENTE

La fede è essere +
conoscere di +
amare di +.
La fede è rischio: ma
il rischio peggiore
nella vita è non
rischiare mai!

Beati coloro
che si lasciano cercare
e che accolgono la vita come un dono;
coloro che sanno perdere tempo
e mettersi in ginocchio.
Beati coloro che sanno attendere,
che sanno affidarsi a me e confidarsi con me.

(firmato: DIO)

Perché sono spesso in panne?

«Ce la farò?... Riuscirò?... Sarò accettato?...».
Signore, mille paure si affacciano alla mia mente,
il mio cuore perde giri, il mio cervello
non carbura bene ed ho le gomme a terra!
Oggi mi sento come un'automobile in panne,
col motore fuso. Anche nel rapporto con te
ero partito in quarta, pieno di gioia
e di entusiasmo.
Ma la strada era lunga, faticosa,
spesso in salita: incroci,
stop, curve pericolose...
E poi, viaggiando con te,
non si arriva mai
perché tu proponi una meta infinita.
Ho bisogno di revisionare il motore,
di cambiare l'olio per saper frenare
al momento giusto,
e di aggiungere acqua fresca
al radiatore.
Durante questo pit-stop,
lubrificami, ricaricami

gli ammortizzatori, rendi lucente
anche la mia carrozzeria. Metti tu
il giusto carburante nel serbatoio.
La tua Parola sia la cartina stradale
che mi indica
il giusto cammino.
Tu sei la stazione di partenza, la meta
dell'arrivo e l'energia per il viaggio.
Con un "pieno" di entusiasmo,
potrò correre
sulla tua pista e viaggerò con te,
che hai sempre avuto una marcia in più, o fortissimo Gesù!
Potrò così dire col Salmista:
«Il Signore ha reso sicuri
i miei passi...
La felicità io la trovo
nel camminare verso il mio Signore».

(cfr. Salmo 40)

«Chi spera cammina, non fugge.
Si incarna nella storia.
Costruisce il futuro,
non lo attende soltanto.
Ha la grinta del lottatore,
non la rassegnazione di chi disarma.
Ha la passione del veggente,
non l'aria avvilita
di chi si lascia andare.
Cambia la storia, non la subisce».

(Tonino Bello)

3. Insieme, effetto magico

C'è chi cammina a piccoli passi come una tartaruga e chi corre come una lepre, ma non essere tanto stolto da avanzare da solo, o da pensare di non aver bisogno degli altri. Meglio fare pochi passi avanzando tutti insieme che percorrere un chilometro da solo!
Accetta, perciò, la fatica del "fare comunità".

Esodo 4,10-16

Io sarò con te

Mosè si rivolse di nuovo al Signore: «Perdonami, Signore, sono timido e parlo con difficoltà. Ero così prima e neppure sono cambiato da quando hai cominciato a parlare con me. La mia bocca e la mia lingua non sono sciolte nel parlare».
Il Signore gli rispose: «Chi ha dato all'uomo la parola? Chi può renderlo muto o sordo? Chi può dargli la vista o renderlo cieco? Io, il Signore! Su va'! Io sarò con te quando parlerai e ti insegnerò quel che devi dire!».
Ma Mosè disse: «Ti prego, Signore, manda un altro!».
Allora il Signore si adirò contro Mosè e gli disse: «Ma non c'è tuo fratello Aronne, il levita? Io so che lui è capace di parlar bene. Ecco, egli sta venendoti incontro e sarà contento di vederti. Tu gli parlerai e gli spiegherai quel che deve dire. Io sarò con te e con lui quando parlerete, e vi insegnerò quel che dovete fare. Egli si rivolgerà al popolo a nome tuo; e tu, a nome mio, gli dirai quel che deve dire. Porta con te questo bastone; ti servirà per fare i segni straordinari».

Il bastone dei prodigi

Il popolo d'Israele, dopo l'uscita dalla schiavitù d'Egitto e una marcia di tanti anni nel deserto, era giunto sul monte Nebo, in vista della Terra promessa. Mosè stava contemplando la verde pianura ai suoi piedi quando, all'improvviso, udì una voce provenire dal bastone che lo aveva da sempre accompagnato: «Quante avventure abbiamo affrontato insieme, eh, vecchio mio? – gli diceva –. Ti ho aiutato quando sei fuggito dal faraone e quando facevi il pastore, per contare le pecore... Ti ricordi quando il Signore ti ha chiamato? Quante scuse hai tirato in ballo! Ma io mi sono trasformato in serpente e tu, grazie a questa magia, ti sei sentito più sicuro. Così, invece di lasciarti prendere dalla paura, ti sei lasciato afferrare da Dio... e dalle esigenze del tuo popolo. Da quel momento io non ho più abbandonato te, e tu non hai più abbandonato la tua gente.
Ti ho accompagnato quando sei andato dal faraone e, al mio tocco, la natura si trasformava: il Nilo e le sorgenti sono diventate color del sangue, la polvere della terra si è mutata in zanzare... le acque del Mar delle canne si sono abbassate e vi hanno permesso di sfuggire dalle mani degli egiziani.
La tua gente pensava di essere libera, invece non era che una massa di schiavi. Caro Mosè – continuò la voce – io ti ho salvato dalla lapidazione quando ti sono servito per scavare tra i sassi e per far scaturire l'acqua per saziare la sete del tuo popolo. Ti ho accompagnato sul monte, alla presenza di Jhwh, ti ho aiutato a scendere con le tavole della Legge e a punire coloro che si erano creati il vitello d'oro.
Che popolo dalla testa dura hai dovuto guidare, povero Mosè! Comunque, complimenti! Ora nella Terra promessa entra un popolo vero, con una Legge, dei giudici, un esercito e, soprattutto, un cuore puro e saldo. Il segreto di questa riuscita è stata una piccola parola... INSIEME. Tu con me, io con te, tu per il popolo... e "Colui che c'è" sempre vicino a noi. INSIEME, la vera polizza di assicurazione per una vita riuscita!».
Mosè si sentì all'improvviso stanchissimo. Il bastone gli cadde dalle mani ed egli si accasciò. Il suo respiro si fece pesante. Rivide in un lampo il cammino fatto e percepì la

presenza del Signore accanto a sé. Jhwh era stato il suo vero sostegno, la sua forza, la sua guida: «Io ci sono... Io ti sono vicino... Io ci sarò...», non era questo il suo nome? Allora capì di essere stato per il Signore ciò che il bastone era stato per lui: uno strumento. «Vieni, Signore», sussurrò Mosè. «Se un peccato ho commesso, è quello di aver amato il mio popolo più di te». Il Signore gli si avvicinò, lo baciò e lo portò accanto a sé.
Il corpo di Mosè non fu mai trovato. Non è più nato un uomo grande come lui!

Dimmi con chi vai e ti dirò chi sei. Sei un pellegrino con un preciso gruppo di riferimento (con mete precise, una guida esperta...), un nomade che sta con chi capita, oppure sei un lupo solitario?
Non chiederti quello che gli altri possono fare per te, ma progetta un tuo preciso impegno per il tuo gruppo di riferimento (N.B.: si accettano pure contributi minimi).

SMS
SOLITARI,
MASSIFICATI,
SOLIDALI?
«Niente e nessuno ci impedisce di essere diversi e tuttavia in buona armonia».
«Nessuna persona è un verso sciolto. Facciamo tutti parte dello stesso poema divino».
(Giovanni Paolo II)

Non è compito mio...

In un villaggio si organizzò una festa. Tutti furono invitati a contribuire con un fiasco di vino da versare in una grande botte. Quando cominciò la festa si aprì il rubinetto e ne venne fuori acqua. Ciascuno aveva detto: «Se metto un fiasco di acqua in una botte di vino, nessuno se ne accorgerà», ma non aveva pensato che tutti avrebbero fatto come lui.

È la stessa storia di quattro persone chiamate:
Ognuno, Qualcuno, Ciascuno *e* ***Nessuno.***
C'era un ***lavoro importante*** da fare

e **Ognuno** era sicuro che **Qualcuno** l'avrebbe fatto.
Ciascuno avrebbe potuto farlo,
ma **Nessuno** lo fece.
Qualcuno si arrabbiò perché
era un lavoro di **Ognuno**.
Ognuno pensò che **Ciascuno** poteva farlo,
ma **Nessuno** capì che **Ognuno** non l'avrebbe fatto.
Finì che **Ognuno** incolpò **Qualcuno**
perché **Nessuno** aveva fatto ciò che
Ciascuno avrebbe dovuto fare.

Basta poco!

Un giorno Diogene, antico filosofo greco, stava seduto all'angolo della strada, piegato in due dalle risate. Il suo amico Aristippo, allora, gli chiese: «Ma cos'hai da ridere così tanto?».
«Vedi quel sasso che c'è lì in mezzo alla strada? Da quando sono qui ci avranno inciampato già dieci persone! Ci sono rimaste tutte male, ma non ce n'è una, dico una, che si sia presa il disturbo di toglierlo di mezzo in modo che non ci inciampino altre persone».

Tutti utili

Gli attrezzi del falegname si riunirono un giorno in assemblea. Iniziarono subito le lamentele. Il primo attrezzo che prese la parola disse: «Nostra sorella sega morde, digrigna i denti e ha un carattere stridente. Non possiamo più tenerla tra noi». Un altro continuò: «Nostra sorella pialla ha un carattere tagliente e spiana tutto quello che tocca. Dobbiamo allontanarla!». «E forse il fratello martello – soggiunse un altro – non è da escludere? È pesante, fracassone e dà sui nervi». «E i chiodi? Non si può vivere con chi ha un carattere così appuntito. Si cacci anche la carta vetrata, che graffia sempre. Stare con lei significa vivere in continuo attrito. Il metro, poi: passa la vita a misurare gli altri secondo le proprie regole, come se fosse perfetto».
Discutevano così animatamente che alla fine ciascuno si trovava escluso da qualcun altro. Quando ritornò il falegname, però, tutti tacquero all'improvviso. Egli afferrò una tavola e la tagliò con la sega stridente. La spianò con la pialla tagliente. Poi entrarono in azione lo scalpello che ferisce e la carta vetrata che graffia. Il falegname prese poi i chiodi dal carattere appuntito e il martello che picchia e fa rumore...
Si servì di tutti i suoi attrezzi dal cattivo carattere per fabbricare una culla. Per accogliere il bimbo che doveva nascere. Per accogliere la vita. Quando il falegname se ne andò, l'assemblea degli utensili proseguì. Prese la parola il martello e disse: «Signori, è stato dimostrato che tutti abbiamo dei difetti. Ma il falegname ha lavorato con le nostre qualità. È questo che ci rende tutti utili». L'assemblea appurò così che il martello era forte, i chiodi univano, la carta vetrata eliminava le asperità... E tutti osservarono che il metro era preciso ed esatto. Allora si sentirono una squadra capace di produrre cose di qualità. E si sentirono orgogliosi delle rispettive forze e di lavorare insieme.

I Comandamenti (verso il prossimo)

4. *Onora il padre e la madre.*
5. *Non uccidere.*
6. *Non commettere atti impuri.*
7. *Non rubare.*
8. *Non dire falsa testimonianza.*
9. *Non desiderare la donna d'altri.*
10. *Non desiderare la roba d'altri.*

Per sfasciare velocemente il tuo gruppo:

1. Fai come *la* ***LUMACA***: cerca di giungere agli incontri sempre in ritardo, magari col fiatone. Partecipa solo quando "ti senti", o quando non hai nient'altro da fare.

2. Comportati come *la* ***CINCIALLEGRA***: non ascoltare chi parla, ma cerca di parlottare continuamente con chi ti è vicino.

3. Come *la* ***IENA***, buttati sugli avanzi delle parole, cioè sulle cose meno importanti che sono emerse, cercando di farne quattro risate.

4. Agisci come *il* ***MULO***: una volta presa una posizione, non smuoverti neanche se ti danno bastonate, né se ti accorgi di avere torto marcio.

5. Quando esponi un'idea che ti sembra valida, segui l'esempio della ***GALLINA*** che ha appena fatto l'uovo: gridala al mondo intero! Esponi con cento parole ciò che potresti dire con due sole frasi.

6. Fai come *la* ***GIRAFFA***: guarda le questioni e le situazioni, con supponenza, dall'alto. Se qualcuno propone qualcosa, afferma che non si può affrontare quel problema se prima non si sono risolti tutti gli altri.

7. Prendi a modello *la* ***TALPA***: agisci sottoterra, scalzando le radici delle proposte avanzate dagli amici o dall'educatore.

8. Imita ***IL GAMBERO***: davanti agli impegni che vengono proposti, fai sempre una corsetta all'indietro.

9. Cerca *un* ***CAPRO*** espiatorio e scarica sempre le colpe su di lui di tutte le cose che non vanno.

10. Comportati come *una* ***PECORA***: finito l'incontro, buttati alle spalle tutto ciò che di interessante è emerso e rientra nel conformismo del gregge. Se qualcuno ti chiede qualcosa, limitati a "belare" che si è parlato delle solite cose.

Insieme

«Io faccio tic, tu fai tac. Tutti e due facciamo la sveglia. Solo insieme si fa qualcosa».
(Pino Pellegrino)

**«Un uomo solo
è sempre in cattiva compagnia».** (Paul Valéry)

**«Il soffitto di un uomo
è il pavimento di un altro uomo».** (Robin Williams)

Io sono con te,
ma tu, con gli altri, ci sei?
Vi ho fatto a mia immagine
persone interdipendenti come
i vasi comunicanti.
Voglio fare di tutti
gli uomini una sola,
grande famiglia.
Perciò dona ai tuoi amici
il perdono,
ai tuoi nemici la tolleranza,
ai tuoi educatori l'obbedienza,
ai tuoi coetanei il buon esempio,
a tutti, cominciando da te stesso,
il rispetto. E a me la vita!
Ricorda che una sola domanda
ti farò nel giorno finale:
«E gli altri?...». Spero che tu
non mi dirai di essere arrivato
da solo al mio cospetto!

(firmato: DIO)

La vita è come una partita

Signore, la vita è come
una partita di pallone.
Se accettiamo te come allenatore,
ognuno trova il proprio posto
e quando ognuno esegue bene il suo ruolo
e si mette a servizio della squadra
la vittoria è assicurata!
Aiutami a mettere in disparte
l'esibizionismo, i "virtuosismi" solitari,
il desiderio di mettermi in mostra
o di stare più tranquillo in panchina.
Fa' che non mi scoraggi per i "passaggi" sbagliati,
per i fuori-gioco o per i fischi del pubblico,
né che mi esalti per gli eventuali applausi
o le temporanee vittorie.
Il tuo sogno è che gli uomini eseguano
un bel gioco di squadra!
Aiutaci a realizzarlo, senza troppi
difensivismi.
Sii tu il nostro amico e tifoso,
allenatore e giudice di gara.

(cfr. Salmo 133)

«Perché non dovrei sopportare gli altri,
se Dio sopporta me?».

(Sant'Agostino)

4. Non arrenderti né ORA né MAI!

«Ce la farò?». Spesso non ti butti perché, confrontandoti con gli altri, ti senti un brutto anatroccolo, con poche possibilità di riuscita... Quando ti senti inadeguato, ti vedi brutto o incapace, le circostanze esterne diventano gigantesche, un "Golia" che fa paura. In realtà, ogni anatroccolo è uno splendido cigno! Se usi "le armi" che hai, in compagnia del Signore, puoi volare alto... comunque!

Samuele 17,32-37

«Andrò io!»

**Davide disse al re Saul: «Non perdiamoci d'animo per quell'uomo. Andrò io a combattere contro quel Filisteo». Ma Saul gli rispose: «Tu non sei in grado di combattere contro quel Filisteo: sei ancora un ragazzo, mentre lui è un guerriero di lunga esperienza».
Ma Davide replicò: «Quando ero a guardia del gregge di mio padre, veniva a volte un leone o un orso a portar via una pecora. Allora io lo inseguivo, lo colpivo e gli strappavo la preda dalla bocca... Se il Signore mi ha salvato dagli artigli del leone e dell'orso, lui mi libererà anche dalla mano di questo Filisteo».
Allora Saul disse a Davide: «Va' e il Signore sia con te!».**

Radiocronaca di un combattimento

1° *Radiocronista*: «Signori e signore, buon giorno! Siete collegati con la valle del Terebinto. Sono ormai quaranta giorni che un guerriero filisteo, Golia, sta sfidando apertamente l'esercito israelita. Fino ad ora, però, nessun ebreo ha avuto il coraggio di accettare questa sfida. Sarà oggi la giornata giusta? Ci colleghiamo con il nostro inviato nel campo degli Israeliti».

2° *Radiocronista*: «La nostra attesa non sembra essere stata vana. Diversamente dai giorni scorsi, oggi c'è un grande trambusto qui al campo. Non riusciamo a distinguere bene, ma pare che un fratello di tre soldati dell'esercito si sia offerto per sfidare Golia. Ci dicono che finora ha fatto il pastore, che è molto giovane ed inesperto di armi. Se ciò fosse vero, il combattimento sarebbe per lui un vero e proprio suicidio... Ecco, ecco!, riusciamo a vedere il giovane: stanno facendogli indossare l'abito da guerra del re. Ci dicono che si chiama Davide. Lui, però, in questo momento si sta togliendo tutto: afferma di sentirsi troppo impacciato con elmo, spada e corazza... Si sta avviando al combattimento con un bastone, una fionda e pochi sassi.

Questo ragazzo, o è molto coraggioso o molto incosciente!... A voi la linea».

1° Radiocronista: «Il Filisteo, preceduto dal suo scudiero, si sta dirigendo a grandi falcate verso Davide. Mai visto un uomo di questa stazza: una massa di muscoli da far paura, una vera macchina da guerra umana. Ecco, i due sono di fronte uno all'altro. Sentiamo Golia che deride Davide: "Mi hai preso per un cane per venirmi incontro con un bastone?". In effetti, data la disparità di forze in campo, penso sarà un combattimento senza storia. Ora Golia avanza: anche la sua voce è potente e incute timore: "Vieni avanti! Darò la tua carne in pasto alle bestie selvatiche".

Il giovane pastore, però, non pare aver particolari timori. Tra la confusione generale, abbiamo sentito che ha risposto: "Tu vieni contro di me con le armi, io vengo contro di te nel nome del Signore. Il mio Dio non ha bisogno di spada e di lancia per vincere: lui ti consegnerà in mio potere".

Attenzione! I due sono sempre più vicini: il combattimento inizia. Golia sta alzando il suo giavellotto per trafiggere Davide, ma il giovane pastore ha infilato le mani nella sacca. Ecco, sta facendo mulinare vorticosamente la sua fionda. Il colpo è partito e ha centrato in pieno la fronte di Golia che sta barcollando. Incredibile! Non ce la fa ad alzarsi: è KO!

Davide gli è sopra, prende la spada, taglia la testa all'avversario. La vittoria è sua».

2° Radiocronista (più tardi): «Come potete immaginare, qui al campo degli Israeliti è festa grande. Davide è portato in trionfo come un eroe nazionale. Egli, da noi intervistato, ha tentato di sminuire la sua impresa dichiarando: "Non sono stato io ad abbattere Golia, è stato l'Altissimo!". Ma nella confusione di voci e danze, si sta levando un coro che canta: "Saul ha ucciso mille nemici e Davide dieci volte mille!".

La festa andrà avanti tutta notte. Speriamo solo che il re Saul non sia invidioso del successo di questo giovane...!».

Supera le tue paure (una al giorno):

oggi condivido un'ansia della quale non ho parlato con nessuno;

oggi cerco di impegnarmi in una "impresa" che avevo da tempo abbandonato;

oggi manifesto un apprezzamento che non ho mai fatto;

oggi pronuncio parole di scusa che non sono ancora riuscito a pronunciare:

oggi dico un "no" deciso per un'azione che so di non dover/voler fare;

oggi dico "sì" a un compito che rimando da tempo.

RISPONDI:

Sono stato coraggioso quando...	Sono stato un po' vigliacco quando...
....	....
....	....
....	....

i miei appunti

. . . .

. . . .

. . . .

. . . .

Non aver paura della tua ombra

Alessandro, figlio del re Filippo il Macedone, era un ragazzo davvero straordinario (da adulto verrà chiamato "Magno", cioè "Grande"). Aveva solo tredici anni quando riuscì a sbalordire tutti, perché riuscì a domare un cavallo che tutti ritenevano indomabile. Alessandro si era accorto che l'animale aveva paura della sua ombra: allora lo tenne costantemente nella direzione del sole e così riuscì a cavalcarlo e a domarlo.

Morale: chi ha paura della propria ombra, si lascia imbrigliare da tutti.

SMS
SEI MOLTO SPECIALE:
«Non lasciarti influenzare dall'aspetto esteriore o dall'altezza. Ciò che l'uomo vede non conta: l'uomo guarda l'apparenza, ma il Signore guarda il cuore» (1Samuele 16,7).

No alla pigrizia mentale

«Perché sono salito quassù, chi indovina?».
«Per sentirsi alto».
«No, grazie per aver partecipato. Sono salito sulla cattedra per ricordare a me stesso che dobbiamo sempre guardare le cose da angolazioni diverse. E il mondo appare diverso da quassù. Non vi ho convinti? Venite a vedere voi stessi! Coraggio! È proprio quando credete di sapere qualcosa che dovete guardarla da un'altra prospettiva, anche se può sembrarvi sciocco o assurdo, ci dovete provare... Figlioli, dovete combattere per trovare la vostra voce; più tardi cominciate a farlo, più grosso è il rischio di non trovarla affatto... Non affogatevi nella pigrizia mentale, guardatevi intorno... Osate cambiare, cercate nuove strade».

(dal film *L'attimo fuggente* – 1989 – regia di P. Weir)

Messaggi per rovinarsi la vita:

«Sono troppo stanco… depresso… confuso…».
«Nessuno mi capisce… Nessuno mi vuole bene!… Tutti ce l'hanno con me!».
«Figurati se me ne va bene una!».
«Lui sì che è intelligente… lei sì che è bella…».
«Non ne sono capace... Non ci provo neanche… Non ci riuscirò mai».
«Tanto non serve a niente!».
«Ma poi cosa dirà la gente?».
«È tutta colpa vostra!».
«Ah! se avessi… Oh, se fossi…».
«Sarebbe terribile… Se capita mi sparo».
(continua tu): . . . .
. . . .
. . . .

Preghiera-antivirus per riprendere coraggio

«Dio, io confesso davanti a te che non ho avuto nessuna fiducia nelle mie possibilità.
Che in pensieri parole ed opere ho mostrato disprezzo per me e le mie capacità.
Che non ho amato me stessa come gli altri: non il mio corpo, non il mio aspetto, non i miei talenti, non il mio modo di essere.
Ho lasciato che altri dirigessero la mia vita.
Mi sono fidata più del giudizio degli altri che del mio e ho lasciato che alcune persone siano state indifferenti o maligne nei miei confronti senza mettere loro un freno.
Confesso che non mi sono sviluppata nella misura delle mie capacità, che sono stata troppo vigliacca per osare lottare per una giusta causa, che mi sono arrabattata per evitare dei conflitti.
Confesso che non ho osato mostrare quanto sono capace, non ho osato essere capace quanto posso esserlo davvero.
Signore, perdona il mio autodisprezzo, raddrizzami, dammi fiducia in me stessa e un sano amore per me stessa». (Lenn Malmgrem)

I sette sacramenti

Battesimo.
Cresima.
Eucaristia.
Penitenza.
Unzione dei malati.
Sacerdozio.
Matrimonio

Autostima

«Quando Golia si mosse contro gli Israeliti, tutti i soldati pensarono: "È così grande che non potremo mai vincerlo". Ma Davide guardò il gigante e disse: "È così grande che non posso sbagliare il bersaglio"».

(Russ Johnston)

«La maestra: "Chi di voi mi saprebbe citare qualcosa di importante che non esisteva 50 anni fa?". Uno scolaretto: "Io!"».

(Anthony De Mello)

Io sono con te se ti senti solo.
Io sono con te se ti allontanano.
Io sono con te se senti che non c'è via d'uscita.
Io sono con te se sei disperato.
Io sono con te se hai paura.
Io sono con te se nessuno ti vuole bene.
Io sono con te se c'è un muro tra te e i tuoi amici.
Io sono con te se l'ansia non ti fa dormire.
Io sono con te se qualcuno ti fa soffrire.
Io sono con te se non ti ascolta più nessuno.
Io sono con te se ti senti in pericolo.
Io sono con te se una prova ti sfinisce.
Io sono con te quando ti sembra che il mondo ti crolli addosso.
Io sono con te e ci sarò sempre.
Cerca di realizzare il sogno che io avevo sulla tua culla.

(Firmato: DIO)

Perdonami, Signore!

Perdonami, Signore,
per aver pensato male degli altri,
sminuito me stesso
e dubitato di te.
Perdonami questa tristezza amara
che spesso mi prende e mi soffoca.
Perdonami questa stanchezza e noia,
questo viso buio,
questa smorfia di disgusto
che deforma la mia bocca.
Perdonami per non aver dato fiducia,
per aver dubitato, pianto, sbadigliato,
per non avere avuto in me
quella serenità di vita
che mi conduce alla fiducia in te,
Signore della gioia.

(cfr. Salmo 32)

«Perché non essere se stessi? Sta lì tutto il segreto di apparire al meglio. Se sei un levriero, perché provi a sembrare un pechinese?».

(Edith Sitwell)

5. Senza peli sulla lingua

«Cosa penseranno di me se...». Spesso hai paura di prendere posizione, di proporre i tuoi pensieri, di professarti cristiano. Paura della frustrazione e dei conflitti. Silenzi, menzogne, mezze verità... conformismo alla mentalità vincente...
I profeti sono invece persone abitate da Dio che non temono di parlare a nome suo e a nome di chi non ha voce... Sono uomini-coraggio che vedono lontano. Poiché non si adattano al conformismo del "gregge", vengono quasi sempre uccisi; ma grazie a loro, l'umanità fa un passo avanti e torna a sperare.

Isaia, 6,1.6-9

Manda me!

«Nell'anno in cui morì il re Ozia, ho visto il Signore... Uno degli esseri fiammeggianti che erano attorno a lui volò verso di me. Teneva in mano un carbone ardente preso con le molle dal fuoco dell'altare. Toccò le mie labbra e disse: "Ecco, ho toccato le tue labbra con questo carbone ardente: la tua colpa è scomparsa, il tuo peccato è cancellato". Sentii il Signore che diceva: "Chi manderò? Chi sarà il mio messaggero?". Io risposi: "Sono pronto! Manda me!". Allora il Signore mi incaricò di portare al popolo il suo messaggio».

Il profeta nostra guida

Siamo nel 740 a.C., a Gerusalemme. Abbiamo con noi un Baedeker, cioè una guida di Gerusalemme: una guida molto speciale che si chiama Isaia.
Seguitemi. Ecco le mura e le torri; là nel punto più alto, il tempio dove Dio abita; ai nostri piedi, la fontana di Siloe... Stiamo ora percorrendo una strada stretta. Vedete le donne di Sion, a testa alta e con sguardi provocanti, incedono a piccoli passi facendo risuonare gli anelli dei loro piedi. Questo acre odore viene dalla valle qui vicino: è il fumo dei neonati offerti in olocausto a una divinità cananea (che orrore!). Stiamo ora passando davanti a un altare assiro (nella Città santa!). Venite, vi porto a vedere il palazzo del re, cui ho libero accesso: sono infatti un suo consigliere. Viviamo un momento di grande confusione: il nostro regno, stretto tra Egitto e Assiria, rischia di perdere la propria identità civile e religiosa...
Vi faccio ora visitare il centro della nostra nazione: il tempio. Ecco il vestibolo... Entriamo ora in questa grande sala, cui possono accedere solo i sacerdoti per bruciare profumi sull'altare che ha carboni sempre ardenti. Là, sul fondo, potete vedere il Santo dei Santi: lì dentro c'è l'Arca dell'Alleanza, la cassa di legno pregiato che contiene le Tavole della Legge incise da Mosè. Attraverso il profumo dell'incenso potete scorgere le due colossali statue dei cherubini che proteggono l'arca santa con le loro ali giganti. È qui che, durante una cerimonia rituale, mi sono sentito personalmente chiamato da Dio. Ero come in estasi e pensavo di cadere fulminato per essermi incontrato con il Signore. Invece egli mi ha purificato le labbra e mi ha inviato a parlare. Il mio compito oggi è quello di denunciare le idolatrie e le ingiustizie del mio popolo, anche se so che la mia predicazione avrà l'effetto contrario: la gente diventa ogni giorno più cieca, più dura d'orecchi e più ostinata nel cuore. Ma io non posso fare a meno di denunciare gli abusi, come pure di confortare e di essere un uomo di speranza.
Ciò che dico non è farina del mio sacco: io sono solo un portavoce che parla a nome di... Ora vi rivelo alcune parole

che il Signore ha rivolto, tramite mio, al suo popolo e agli uomini di ogni tempo.

Dure parole di rimprovero

«Il bue riconosce il suo padrone e ogni asino chi gli dà da mangiare: ma il mio popolo non comprende, non mi riconosce. Guai a voi, gente malvagia, figli corrotti! La vostra testa è malata, il vostro cuore completamente marcio!» (1,3-5).
«Mi ripugnano le vostre celebrazioni. Quando alzate le mani per la preghiera, io guardo altrove... Questo popolo mi onora soltanto con parole, mentre con il cuore è lontano da me» (1,14-15; 29,13).
«Ogni giorno io tendo le mani, ma ognuno segue soltanto i suoi capricci» (65,2).
«Ho chiamato, ma nessuno mi ha risposto; ho parlato, ma nessuno mi ha ascoltato» (66,4).
«È ora di smetterla di fare il male, imparate a fare il bene, cercate la giustizia, aiutate gli oppressi...» (1,17).

Normalmente, sai esporre le tue idee? Sai prendere posizione, quando serve e c'è in gioco il rispetto della verità?... o preferisci essere camaleonte (adattandoti al pensiero della maggioranza) o struzzo (seppellendo la testa sotto la sabbia)?

Gioiose parole di speranza

« Anche se le montagne cambiassero di posto o le colline sparissero, il mio amore per te non cambierà mai e la felicità che ti prometto non verrà mai meno» (54,10).
«Dite agli scoraggiati: Siate forti, non abbiate timore! Il vostro Dio viene a liberarvi» (49,13).
«Il tuo nome sarà "Gioia del Signore"... Come l'uomo gioisce per la sua sposa, così io esulterò per te» (62,4-5).
«Per amor tuo, non mi darò pace finché non sarai salvato e non brillerai come una fiaccola accesa» (62,1).

«Non posso tacere!»... Testimonianze

Pier Giorgio Frassati, il giovane di Torino dichiarato beato da Giovanni Paolo II il 20 maggio 1990, era un grande amante della montagna. Prima di ogni escursione, come ogni giorno, si recava a Messa, prestissimo.
Un giorno fu visto dai suoi amici uscire di chiesa con gli sci. Gli si avvicinarono con un sorrisino sulle labbra, chiedendogli: «Non sarai mica un bigotto?». «Un bigotto no, ma un cristiano sì!», rispose prontamente Pier Giorgio.

«No, signore, mai!»

Nel lager tedesco le SS avevano dato l'ordine di sopprimere ogni bambino che nasceva. Quando nel maggio 1943 si ammalò "l'ostetrica infanticida", una donna di 47 anni, Stanislawa Leszezynsa, numero 413355, fermò il medico delle SS e gli mostrò il certificato di ostetrica, che era riuscita a nascondere. L'ufficiale la mandò in sala parto. Iniziò il suo lavoro. Al primo nato diede il nome di Adam.
Quando il capo del campo le ordinò di uccidere tutti i bambini appena nati e di scrivere per ognuno «nato morto», lei rispose: «No, signore, mai! Non si devono uccidere i bambini. Dio non vuole!». Anche se poi molti di quei neonati furono lasciati morire di fame dai nazisti, per tremila volte Stanislawa disubbidì agli ordini del comandante, rischiando la camera a gas. Battezzava personalmente ciascuno, anche se per quell'atto era

SMS
SII MOLTO SICURO:

«Se qualcuno ti provoca: "Chi credi di essere?", rispondi: "Sono figlio di Dio, sono amato con amore eterno; protetto come la pupilla degli occhi... e, se ti siedi, ti racconto tutto il resto!».
(Richard Daly)

prevista la pena di morte. Procurava quasi miracolosamente alle madri lenzuola, bende, cibo e medicinali. Sempre mite, non parlò male mai di nessuno, nemmeno dei nazisti.

(L'Osservatore Romano, 25 dicembre 1999)

«Per di qua!»: la voce del profeta

Una carovana stava avanzando faticosamente nel deserto. Stava imboccando la direzione sbagliata, quando la guida cominciò a dire: "Per di qua! Non di là!". Ma quella gente non pareva sentire. Allora la guida alzò la voce: "Per di qua! Per di qua!". Qualcuno cominciò ad infastidirsi, anche perché quel tale continuava a urlare. A un certo punto, il capo carovana estrasse la pistola e sparò alla guida. Questa, ormai colpita a morte, mentre la carovana avanzava nella direzione sbagliata, continuava ad alzare la mano e a dire: "Non di là! Per di qua!"...

Le singolari "armi sponsorizzate"

da san Paolo (cfr. Efesini 6,13-17)

Come **CINTURA** *la* VERITÀ: nei tempi antichi, gli uomini vestivano con lunghi abiti: la cintura permetteva loro di legarli in vita per camminare senza intoppi… Se non sei "vero e autentico" e in continua ricerca della Verità, inciampi e sei pietra d'inciampo.

La GIUSTIZIA *come* **CORAZZA**: La corazza è pesante, ma protegge il cuore. La giustizia come corazza rappresenta ciò che ti fa "immaginare un mondo"… "Se fai ciò che è giusto, certamente ti colpiranno ma, grazie ad essa, non potrai essere vinto".

Come **CALZATURA** *lo* ZELO *per essere un artefice di pace*: l'entusiasmo per il bene è "la forza della vita" che ti fa avanzare spedito e ti fa costruttore della civiltà dell'amore.

La FEDE *come* **SCUDO**: la fiducia in un Dio comunque buono aiuta a "non lasciarsi cadere le braccia", cioè a parare i colpi lanciati dai "mostri" della vita (l'egoismo, le difficoltà esteriori, le disgrazie, il male…).

Le quattro virtù cardinali

Prudenza.
Giustizia.
Fortezza.
Temperanza.

i miei appunti

. . . .

. . . .

. . . .

. . . .

. . . .

Autenticità

Quando mi alzo a parlare, io recito sempre questa preghiera silenziosa: «O Signore, mettimi in bocca parole sagge. E dammi una gomitata quando ho parlato troppo». (Pat Buttran, attore)

Amico, perché dici dentro di te:
«Il Signore, mio Dio, nulla sa di me.
Egli non mi è vicino
e non veglia sul mio cammino».
Veramente non sai?
Io sono Dio per sempre!
Ho fatto dal nulla il mondo
e non mi stanco mai di essere creativo.
Do energia a chi è affaticato
e rendo forte il debole.
Viene il tempo in cui tutti si sentono sfiniti:
i giovani sono annoiati e stanchi,
gli adulti non hanno più speranze.
Ma chi ha fiducia in me
riceve forze sempre nuove:
cammina senza affaticarsi,
va sempre avanti e non si stanca mai,
vola alto come su ali d'aquila.

(*firmato:* DIO - *cfr.* Isaia 40,27-31)

Trasparenza

Dio di trasparenza, aiutami
ad essere me stesso,
senza paura e senza alibi.
Dio di verità, liberami dalla menzogna,
dall'ipocrisia e dall'adulazione.
Dio di fortezza, concedimi
di preoccuparmi un po' meno
dell'impressione che do
e un po' di più della verità da dire.
Dio di franchezza, fa' che il mio parlare
sia sì quando è sì e no quando è no.
Dio di comunione, rendimi
sincero con tutti e riconoscente
verso chi mi vuole bene.
Dio di gioia, dammi l'ironia
di saper ridere di me stesso.
Dio Padre di tutti, insegnami
a cercare il bene anche di chi
mi vuole male o mi è
antipatico.

(cfr. Salmi 34 e 36)

«Occhio ai tuoi pensieri, perché si trasformano in parole! Occhio alle tue parole, perché si trasformano in azioni! Occhio alle tue azioni, perché si trasformano in atteggiamenti! Occhio ai tuoi atteggiamenti perché si trasformano in carattere! Occhio al tuo carattere perché si trasforma in destino!».

(F. Outlaw)

6. A muso duro

...contro le ingiustizie e le violenze. Smettila di guardarti l'ombelico o di contemplarti allo specchio! C'è tutto un mondo che va avanti, là fuori. Anche se ti fa paura per le sue contraddizioni, sta aspettando il tuo contributo. Esci dal tuo guscio e prendi posizione!

Geremia 1,4-8

Non avere paura della gente

Il Signore mi disse: «Io pensavo a te prima ancora di formarti nel ventre materno. Prima che tu venissi alla luce, ti avevo già scelto, ti avevo consacrato profeta per annunziare il mio messaggio alle nazioni».
Io risposi: «Signore mio Dio, come farò? Vedi che sono ancora troppo giovane per presentarmi a parlare».
Ma il Signore mi disse: «Non preoccuparti se sei troppo giovane. Va' dove ti manderò e riferisci quel che ti ordinerò. Non avere paura della gente, perché io sono con te a difenderti. Io, il Signore, ti do la mia parola».

Intervista al profeta Baruc

D.: «Tu sei stato amico, segretario e discepolo di Geremia. Dicci, era proprio così antipatico e brontolone?».

R.: «No, tutt'altro! Era un uomo sensibile e delicato. Proveniva da un paesino a 6 km da Gerusalemme. Aveva meno di 20 anni quando ricevette dal Signore l'incarico di spiegare ai suoi contemporanei il significato della tragedia che stavano vivendo. Israele, piccolo staterello tra Egitto, Assiria e Babilonia, stava per essere schiacciato da Nabucodonosor».

D.: «Allora è stato un politico? Che cosa diceva?».

R.: «Non era un politico che faceva l'interesse di un partito, né un giornalista in cerca di scoop. Era un profeta che vedeva la realtà con gli occhi di Dio. Anche da piccoli segni (un mandorlo in fiore, una pentola che si rovescia, una cintura marcita) traeva l'occasione per richiamare i suoi connazionali alla dura realtà. I responsabili del popolo cercavano di barcamenarsi stringendo alleanza ora con l'uno, ora con l'altro dei grandi imperi, e dicevano alla gente che tutto andava bene. Non si rendevano conto della tragedia che li sovrastava. Geremia invece cominciò ad affermare che avere il Tempio e compiere dei riti formali non bastava più per salvarsi. Si scontrò col re, che bruciò tutte le lettere che gli mandava, e con i sacerdoti, che gli intentarono un processo».

D.: «Perché aveva la fama di essere un menagramo?».

R.: «Perché a un certo punto affermò la necessità di sottomettersi a Babilonia. Per questo fu accusato di disfattismo, di alto tradimento e minacciato di morte. Fu addirittura buttato in una cisterna asciutta, quasi un "bunker della fame"; era da tutti preso in giro ed emarginato. Ma lui, pur timido e non bravissimo a parlare, non smetteva».

D.: «Oltre ad una vita dura, avrà avuto certamente anche dei momenti particolarmente difficili!».

R.: «Sì. A un certo punto cadde in una grave depressione e andò in crisi. Arrivò a maledire perfino il giorno in cui era nato e si sfogò con Dio dicendogli che si sentiva "fregato" da lui, come una ragazza che viene rapita e sedotta con la forza... Ma poi...».

D.: «Ma poi...».

R.: «Geremia diceva di sentire come un fuoco dentro di sé che cercava di contenere, senza riuscirci. E continuò a parlare... con una faccia di bronzo».

D.: «Come è andata a finire la sua vicenda?».

R.: «Come quella del suo popolo. Fuggì in esilio in Egitto, fedele alla sua gente fino alla fine. Però, quando Gerusalemme stava per essere distrutta e tutto sembrava finire, diventò un uomo di speranza. Acquistò un campo nel suo paese e affermava che il Signore desiderava stringere una nuova e più intima amicizia col suo popolo. Diceva che il cuore delle persone, purificato da quegli atroci avvenimenti, avrebbe ricevuto una capacità nuova di servire Dio e di essergli fedele».

D.: «Veramente un grand'uomo! Non per niente parliamo di lui dopo 2.500 anni... Grazie, Baruc!».

Vivi con gli occhi aperti sulla tua classe, sulla tua città e sul mondo o sei indifferente ai problemi seguendo il detto: «Occhio non vede, cuore non duole»? Sei a conoscenza delle grandi tragedie, problemi, necessità del mondo globalizzato? Ti sai documentare con fonti di stampa alternative (es., abbonamento a una rivista missionaria...)? Sai che esistono tante possibilità di "tirare l'elefante (cioè il sistema) per un pelo" (adozione a distanza, botteghe del commercio equo e solidale, boicottaggio di certi prodotti...)?

Mai dire mai!

Un assistente sociale invitava tutti quelli che si lamentavano dei propri fallimenti a leggere un poster che teneva appeso nel suo ufficio:

- *Fallito in commercio nel 1832 e nel 1833.*
- *Sconfitto per la Camera dei deputati nel 1832. Eletto all'assemblea nel 1834.*
- *Morta la fidanzata nel 1835. Esaurimento nervoso nel 1836.*
- *Sconfitto come Presidente della Camera dei deputati nel 1838. Sconfitto come membro dell'assemblea elettorale nel 1840.*
- *Sconfitto per il Congresso nel 1843, nel 1846 e poi ancora nel 1848.*
- *Sconfitto per il Senato nel 1855. Sconfitto come vicepresidente nel 1856. Sconfitto per il Senato nel 1858.*
- *Eletto Presidente degli Stati Uniti nel 1860.*
  Abramo Lincoln

SMS

SICURAMENTE MOLTO STUPIDO

«L'analfabeta politico è tanto imbecille che non sa che dalla sua ignoranza proviene la prostituta, il minore abbandonato, il rapinatore e il peggiore di tutti i banditi, cioè il politico disonesto».
(Bertold Brecht)

Non dire sono troppo giovane...

Alessandro Magno a 18 anni vinse la battaglia di Cheronea; santa Giovanna d'Arco aveva soltanto 17 anni quando liberò Orléans; Mozart a 12 anni aveva già fatto tournée in tutta Europa e aveva già composto i primi brani; Guglielmo Marconi compì il primo esperimento di trasmissione senza fili a 21 anni; Domenico Savio fu santo a 15 anni; santa Maria Goretti morì a 12 anni; santa Teresa di Lisieux a 25 anni; Pier Giorgio Frassati a 24 anni; ...Cristo a 33 anni!

Com'è vario e complesso il mondo!

In una grande inchiesta si chiedeva agli intervistati di rispondere a questa domanda: «Per favore, mi dica qual è la sua opinione sulla scarsità di alimenti nel resto del mondo?». I risultati furono un fallimento totale. Gli europei non capirono cosa significava "scarsità". Gli africani non sapevano che cosa fossero gli "alimenti". Gli argentini non intesero la parola "per favore". Gli americani si domandavano che cosa fosse "il resto del mondo". I cubani, incerti, domandavano che spiegassero loro cos'è una "opinione".

(Agenda Biblica Missionaria 2002)

Speranza nella tragedia

«Mi è impossibile costruire tutto sulla base della morte, della miseria, della confusione. Vedo il mondo mutarsi lentamente in un deserto, odo sempre più forte l'avvicinarsi del rombo che ucciderà noi pure, partecipo al dolore di milioni di uomini; eppure, quando guardo il cielo, penso che tutto si volgerà nuovamente al bene, che anche questa spietata durezza cesserà, che ritorneranno l'ordine, la pace e la serenità. Intanto debbo conservare intatti tutti i miei ideali; verrà un tempo in cui saranno forse ancora attuabili».

Dal Diario *di Anna Frank,*
poi uccisa in un lager nazista

I sette vizi capitali

Superbia.
Avarizia.
Lussuria.
Ira.
Gola.
Invidia.
Accidia.

E-mail di un Geremia di oggi a Gesù di Nazaret:

Signore Gesù, quando sei fuggito alle guardie di Erode, avresti mai pensato che la vera strage di innocenti, 300 milioni di bambini che ogni giorno soffrono la fame e la sete, sarebbe avvenuta alle soglie del 2000?
Quando contemplavi gli uccelli del cielo e i gigli del campo, eri già a conoscenza degli additivi chimici, delle piogge acide, del buco dell'ozono?
Quando hai affermato di essere venuto sulla terra per portare il fuoco, avresti mai immaginato che oggi abbiamo tante bombe atomiche da bruciare 120 volte il pianeta?
Quando hai detto che sei

Impegno

«Se la felicità consistesse nel benessere fisico e nella libertà da ogni preoccupazione, allora l'essere più felice sarebbe una mucca americana».

(William Phelps)

venuto a portare la spada, cosa sapevi del commercio di armi, dei 500.000 bambini soldato, dei 125 milioni di mine antiuomo? Immaginavi che gli uomini ti avrebbero tanto preso in parola che, solo negli ultimi tre secoli, si sarebbero combattute in Europa ben 286 guerre?
Quando hai raccontato la parabola della pecorella smarrita, sapevi della clonazione della pecora Dolly?
Quando hai detto: «Lasciate venire a me i bambini», sapevi che sono un milione quelli che ogni anno vengono introdotti nel mercato del sesso?
E, purtroppo, potrei continuare all'infinito...
Alla fin fine, l'unica soluzione, l'hai trovata tu, Signore: scendere in campo per piantare piccoli semi, assumendo su di te le varie situazioni di male (anche piccole), capovolgendole al bene. Questa scelta, però, ormai l'ho capito, comporta incomprensioni e delusioni... e la croce!

Non c'è alternativa:
devi convivere in una società
fondata sulla violenza
e sul culto del potere e della forza.
Non vi accorgete che state distruggendo
la terra? Non date la colpa a me.
Io non desidero la morte di nessuno.
Cambiate vita e vivrete!
Io non ho la vista corta.
Niente è impossibile per me.
Sono il Giudice del vero e del falso,
il Signore della storia.

(*firmato: DIO - cfr. Salmo 74*)

C'è qualcosa in me...

«Violenza! Oppressione!». Sono situazioni
mai come oggi presenti nel mondo.
Non si è mai visto, infatti, un topo
costruire trappole per topi! Invece noi...
A volte vorrei fuggire via da una terra che affama
e uccide tanti suoi abitanti.
Mi viene la tentazione di chiudere gli occhi
e non vedere tante brutture.
Altre volte mi dico: «Basta, non voglio guar-
dare, né ascoltare o interessarmi.
Non sono fatti miei». Eppure, non riesco
ad essere indifferente.
C'è qualcosa dentro di me che
mi dice di darmi da fare
perché violenza
e distruzione non vincano.
Perciò tu, o Dio, libera in me
le tante energie ancora asso-
pite e rendimi
più coraggioso.

(cfr. Geremia 20,7-18)

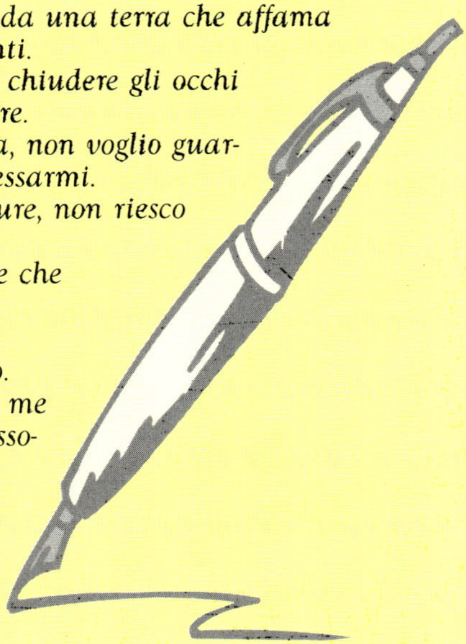

«"Prima di formarti nel grembo materno ti conoscevo, prima che tu uscissi alla luce ti avevo consacrato" (Geremia 1,5) La Parola rivolta da Dio al profeta Geremia ci tocca personalmente. Dio ci conosce individualmente perché dall'eternità ci ha scelti ed amati... Non abbiate dunque paura di assumere le vostre responsabilità: la Chiesa, il mondo, all'inizio di questo nuovo millennio, hanno bisogno di voi».

(Giovanni Paolo II, 17 agosto 2000)

7. Fai silenzio!

Quante volte te lo sei sentito dire dagli insegnanti e dai genitori. Tu, invece, non sopporti il silenzio e ti fa paura rimanere da solo. Dice però una poesia orientale: «Siediti ai bordi del silenzio e Dio ti parlerà». Il silenzio del cuore è una grande capacità da conquistare.
È ciò che è successo al profeta Elia. Perseguitato dal potere politico, scappò, e arrivò al punto di voler morire; ma poi – nel "tu a tu con Dio" – trovò l'energia per ritornare in mezzo al popolo a testimoniare con forza la sua fede.

1Re 19,11-18

Il sussurro di Dio

Il Signore disse ad Elia: «Esci dalla grotta e vieni sulla montagna alla mia presenza».
Infatti il Signore stava passando. Davanti a lui un vento fortissimo spaccava le montagne e fracassava le rocce, ma il Signore non era nel vento. Dopo il vento venne il terremoto, ma il Signore non era nel terremoto. Dopo il terremoto venne il fuoco, ma il Signore non era neppure nel fuoco. Dopo il fuoco, Elia udì come un lieve sussurro. Si coprì la faccia col mantello, uscì sull'apertura della grotta e udì una voce che gli diceva: «Che fai qui, Elia?... Ritorna sui tuoi passi. Entra in città... Risparmierò settemila Israeliti, tutti quelli che non hanno piegato le ginocchia davanti al dio Baal e non hanno baciato la sua statua».

Dio, la miglior polizza-vita!

«Ricordati che devi essere forte e coraggioso. Io, il Signore tuo Dio, sarò con te, dovunque andrai. Perciò non avere paura e non perderti mai di coraggio» (Giosuè 1,9).
«Sii forte e coraggioso. Il Signore sarà con te e ti guiderà; non

ti lascerà e non ti abbandonerà. Non aver paura e non perderti di coraggio» (Deuteronomio 31,8).
«Non temere, io sono con te. Non preoccuparti, io sono il tuo Dio. Ti rendo forte, ti aiuto, ti proteggo con la mia mano invincibile» (Isaia 41,10).
«Ti proteggo con la mia mano» (Isaia 51,16).
«Avrò cura di voi come una madre che allatta il figlio, lo porta in braccio e lo fa giocare sulle proprie ginocchia» (Isaia 66,12).
«Non temere, io ti ho chiamato per nome e ti ho liberato: tu sei mio! Se tu attraverserai fiumi profondi, io sarò con te: le acque non ti sommergeranno» (Isaia 43,1-2).
«Ti ho sempre amato e per questo continuerò a mostrarti un amore incrollabile. Io sono un padre per te» (Geremia 31,3.9).
«Coraggio! Io ti ho chiamato per nome; io ti consolerò» (Baruc 4,30).
«Non temere, non lasciarti cadere le braccia! Il Signore tuo Dio è con te; è forte e ti salva!» (Sofonia 3,16-17).

SMS
SILENZIO… MOLTO SILENZIO:

«Riavvia il tuo pensiero. Tutto quello che cerchi è dentro di te».
(Pubblicità di Tiscali)
«Se vuoi conversare con Dio, comincia a tacere, perché egli possa parlare».
«Crediamo che Dio non ascolti le nostre domande. In realtà, siamo noi che non ascoltiamo le sue risposte».
(François Mauriac)
«Signore Dio, se tu sei dovunque, perché io sono così spesso da un'altra parte?».
(Madeleine Delbrêl)

Mettiti in un luogo silenzioso, chiudi gli occhi e concentra la tua attenzione sulla respirazione. Inspira... espira... Lascia che la tua mente percorra tutto il corpo, scopra la tensione e la liberi (dai piedi alla testa, membro per membro)...
Senti e ascolta la tua respirazione con attenzione... Vivi la respirazione come alito di vita. Inspira pronunciando la parola *Dio*. Espira, di volta in volta, con una delle seguenti parole: *Spirito, Vita, Forza, Armonia, Luce, Bellezza, Amore*...
Conosci la "password" per entrare dentro di te?... Per un periodo stabilito da te, fai un po' di digiuno delle orecchie e degli occhi spegnendo il televisore, il walkman, il videogame, il cellulare...

La forza della preghiera

Una volta un sacerdote vide nella sua chiesa una donna seduta con la testa tra le mani. Passò un'ora, ed essa era ancora là, nello stesso atteggiamento. Pensando di avere di fronte una persona con problemi, il parroco le si avvicinò: «Posso esserle d'aiuto?», chiese. «No, grazie, padre – rispose la donna –. Sto già ricevendo tutto l'aiuto di cui ho bisogno».

In una parola

Un re orientale andò a visitare un famoso maestro spirituale e gli disse: «Sono un uomo molto occupato; potresti dirmi in poche parole come posso giungere all'unione con Dio?». Il maestro affermò: «Ti risponderò con una sola parola». «Quale?», chiese il re. Il maestro rispose: «Silenzio!». «E quando posso raggiungere il silenzio?», domandò il re. «Meditazione», rispose il maestro. Allora il re chiese ancora: «E cosa è la meditazione?». Il maestro rispose: «Silenzio!». «Ma come lo posso scoprire?». «Meditazione!». «E cosa è la meditazione?». «Silenzio!».

«Non ho tempo da perdere»

Un boscaiolo si affannava a segare una montagna di tronchi. Passò di lì un escursionista che osservandolo suggerì: «Affila

la tua sega! Non vedi che non ha più filo; così fai una gran fatica e il tuo lavoro non rende».
Tutto sudato, il boscaiolo sibilò tra i denti : «Affilare la sega, sì, come se avessi del tempo da perdere io...».

Preghiera:

«Se vuoi ascoltare Dio, stai molto attento, perché a Dio piace parlare a bassa voce».
(Vladimir Ghika)

«Nessuno può parlare della preghiera, se non prega; e se prega, non ha nessun bisogno di parlarne».
(Insegnamenti di un Padre del deserto)

«Non fare di Dio
il tuo guanciale,
né della preghiera
il tuo piumino».
(Helder Câmara)

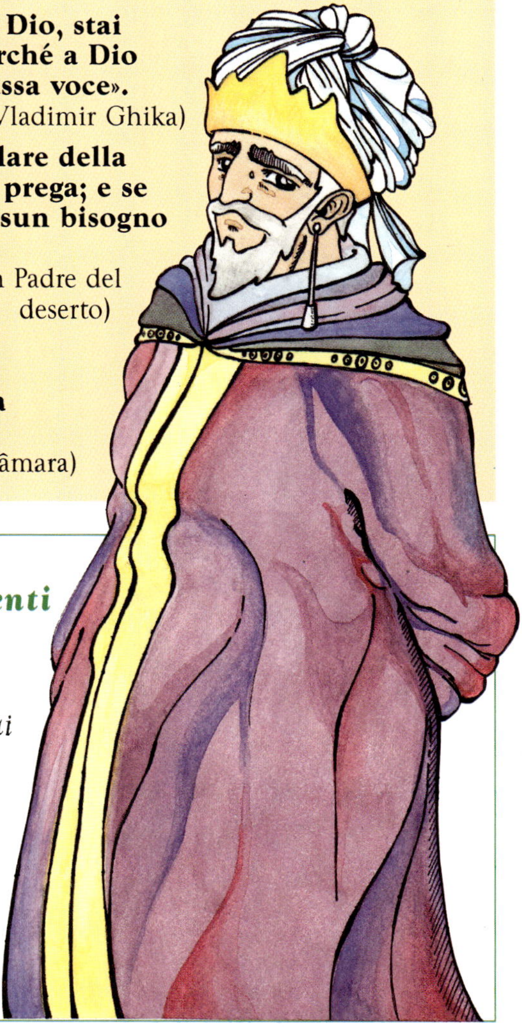

I Comandamenti

(verso Dio)

1. *Io sono il Signore Dio tuo: Non avrai altro Dio al di fuori di me.*
2. *Non nominare il nome di Dio invano.*
3. *Ricordati di santificare le feste.*

Preghiere al condizionale, mezze-preghiere...

- preghiera virtuale: “Dio, se ci sei...”
- preghiera “contratto”: “Ti do se mi dai”
- preghiera “tot di formule”: per farisei odierni
- preghiera “meteopatica”: “Se mi va...”
- preghiera “omeopatica”: “Male non fa...”
- preghiera “indolore”, come la siringa che fa “pic”: se si deve fare, facciamola alla svelta...
- preghiera “enalotto”: “Apro la Bibbia a caso e vediamo cosa salta fuori”
- preghiera sentimentale: “Signore, amore, cuore...”
- preghiera dell’estasiato: “Ohhh!, è tutto bellissimo!”
- preghiera del disperato: “Proviamo anche con Dio, non si sa mai...”
- preghiera bigotta: “Accendo una candela”...
- preghiera magica: “L’acqua santa è sempre meglio del cornino... o no?”
- preghiera al mio santo preferito: “Sono molto devoto a lui, ma... Dio c’è?

Allora... mi ritiro!

Qualche volta, ritirati e prenditi il tempo
di perdere tempo.
Prenditi tempo per guardarti come se non ti fossi mai visto.
Prenditi tempo per respirare come se fosse la prima
o l’ultima volta.
Prenditi tempo per vivere e amare come se non sapessi
cosa sia.
Prenditi tempo per leggere, dormire, mangiare, pensare,
pregare...
Come fanno le squadre in alcuni sport nei momenti
di maggior tensione, chiedi il “time out” per rilassarti,
rivedere i progetti, prendere forze e ricaricarti.
Poi gusta il tempo così come si distende,
come si snoda, si riempie di pace e di presenza.
È quando accetti di prenderti tempo
che il tempo ti è ridato,
finalmente, vasto, ricco, disponibile.

In questo preciso momento
- qualcuno è orgoglioso di te
- qualcuno ti sta pensando
- qualcuno si sta preoccupando per te
- qualcuno vuole parlarti
- qualcuno spera che tu non sia nei guai
- qualcuno ti è grato per il tuo contributo
- qualcuno spera che tu sia felice
- qualcuno vorrebbe che tu lo trovassi
- qualcuno vuole darti un regalo
- qualcuno pensa che tu sia un regalo
- qualcuno ammira le tue capacità, anche se nascoste
- qualcuno ti ama
... Anche se non ci fosse nessuno così,
Io sono quel "Qualcuno".

(firmato: DIO)

Al Dio silenzioso

O Dio, a te non piace il fracasso
e la rumorosa pubblicità.
Così, spesso tu operi in silenzio!
Senza chiasso hai creato l'universo,
liberato Israele e consegnato i comandamenti.
Senza rumore sei nato nella notte,
hai chiamato a te i discepoli
e hai fatto nascere la Chiesa.
Quanti altri miracoli quotidiani
tu fai ancora nell'anonimato:
rimani fra noi paziente nell'Eucaristia,
eserciti la tua Provvidenza,
distribuisci talenti e vocazioni,
moltiplichi le opere del bene...
Insegnami a fare silenzio
per incontrarmi faccia a faccia con te.
Insegnami a compiere il bene senza
pubblicità. (cfr. Salmo 33)

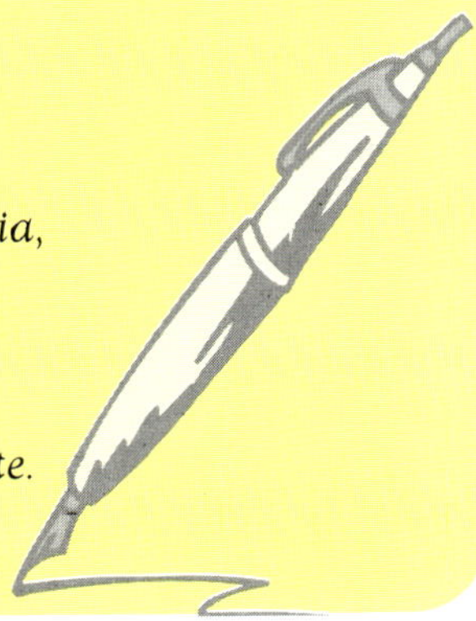

«Prima di addormentarti non metterti a contare le pecore, ma parla con il buon Pastore».

8. Perché proprio a me?

Una delle paure più grandi nell'uomo è quella di soffrire. Spesso, davanti alla domanda: «Perché proprio a me?», il primo ad essere interpellato è proprio Dio. Magari ti dimentichi spesso di lui, ma basta un insuccesso, una delusione, una prova, un dolore... e subito la colpa è sua. La sofferenza resta un mistero: la fede dà però la forza per combattere la sofferenza, e la pace interiore per viverci dentro in modo da superarla. Grazie ad una grande fede, c'è chi è persino «beato nel pianto»!

Giobbe 10; 13; 38; 42

Ora ti conosco personalmente

Giobbe disse a Dio: «Sono stanco di vivere... Ti sembra giusto opprimermi?... Perché mi hai fatto venire alla luce? Avrei voluto morire prima di nascere! Mi consumo come un legno tarlato, come un vestito divorato dalle tarme».
Il Signore stesso, avvolto da un forte vento, parlò a Giobbe: «Chi sei tu? Dov'eri quando gettavo le fondamenta della terra?... Da che vivi, hai mai comandato lo spuntar del giorno?... Sei capace di incatenare le costellazioni o di sciogliere le stelle?...».
Giobbe rispose allora al Signore: «Io lo so che tu puoi tutto. Niente ti è impossibile. È vero, ho parlato di cose che non capivo, di cose al di sopra di me, che non conoscevo... Ma allora ti conoscevo per sentito dire, ora invece ti ho visto con i miei occhi. Quindi ritiro le mie accuse e mi pento, mi cospargo di polvere e di cenere per la vergogna».

Un Giobbe moderno... e gli altri:

(Giobbe è un barbone: seduto sopra un cumulo di sporcizia, si sta medicando le piaghe)

La moglie: «Prega, prega il tuo Dio! Si vede da come ti tratta quanto ti vuole bene! Perché continui a pregare invece di bestemmiarlo?».

L'amico pio e devoto: «Dio è buono e giusto. Condanna i cattivi, premia i buoni. Se tu sei così è perché il Signore ti sta punendo per qualcosa di male che hai fatto».

Il filosofo: «Io la penso come Epicuro: o Dio vuole eliminare il male ma non può... e allora non è onnipotente; o può e non vuole... e allora è malvagio; o può e vuole... ma allora da dove viene il male?... Poiché non esiste soluzione ragionevole, goditi i piaceri della vita e stai lontano più che puoi dal dolore e da quel Dio che non si interessa a te o non può fare nulla».

L'ateo: «Siamo in balìa del destino, in viaggio tra l'ostetrica e il becchino. Se Dio ci fosse non esisterebbe tanto male. Se Dio c'è e non fa niente va preso, messo al muro e fucilato».

Giobbe: «Io non ho mai messo in dubbio l'esistenza di Dio. Mi sono rivolto a lui con parole forti (sono arrivato a chiamarlo "boia") perché non capivo che senso avessero tutte queste prove e l'ho pregato di venire in mio soccorso. A un certo punto mi sono trovato di fronte al Mistero: a Qualcuno più grande di me (il Creatore, l'Immenso...) e a qualcosa di troppo grande da poterne dare una spiegazione. Allora, dopo aver fatto resistenza con tutte le mie forze (pregato, supplicato, maledetto..), mi sono arreso a Dio. Amici miei, non so spiegarvi il perché del dolore. So che mi ha cambiato in profondità. So solamente che prima conoscevo Dio per sentito dire, ora i miei occhi continuamente lo contemplano. Mi sento piccolo e fragile nelle sue mani, come un bambino tra le braccia di sua madre. Il dolore mi ha maturato come persona: ora vedo la vita in un altro modo. La fede ha trasformato le mie angosce in perle preziose... Solo questo so!».

Non è come sembra

Due angeli viaggiatori si fermarono per passare la notte nella casa di una ricca famiglia.
Era una famiglia di persone molto avare: concessero agli angeli solo un piccolo spazio fuori, nel duro e freddo pavimento del pergolato davanti a casa. Mentre si preparavano a dormire, il più vecchio degli angeli vide un buco nel muro e lo riparò. Quando l'angelo giovane gli chiese perché, lui rispose soltanto: «Le cose non sono sempre quelle che sembrano».
La notte dopo, la coppia di angeli ricevette un'accoglienza premurosa da un povero contadino e sua moglie, che condivisero il cibo e cedettero il proprio letto agli ospiti. Ma la mattina dopo, gli angeli trovarono l'uomo e sua moglie in lacrime. La loro unica mucca, la sola fonte del loro sostentamento, era morta. Il giovane angelo ne fu infuriato e accusò il suo compagno:

«Al primo uomo, che aveva tutto, hai fatto un favore» lo accusò. «A questa famiglia povera, che ci ha dato tutto, hai lasciato morire la mucca!».
«Le cose non sono sempre quello che sembrano», replicò l'altro angelo. «Quando eravamo nel cortile della villa ho notato che c'era dell'oro nascosto nel muro. Siccome quell'uomo era tanto avaro io ho riparato quel buco, così non avrebbe trovato anche quella ricchezza... Poi la notte scorsa, quando abbiamo dormito nel letto del contadino, l'angelo della morte è venuto per sua moglie. Io invece di lei gli ho dato la mucca... Le cose non sono sempre quello che sembrano».

Dio delle meraviglie

Un venditore d'acqua, ogni mattina si recava al fiume, riempiva i suoi due otri e ritornava in città per distribuire l'acqua ai suoi clienti.
Uno dei due otri perdeva un po' d'acqua; l'altro, nuovissimo, faceva guadagnare più soldi. Il povero otre rotto si sentiva inferiore. Così, un mattino, si confidò con il suo padrone: «Tu sai – gli disse – che io sono cosciente dei miei limiti. Tu perdi soldi a causa mia perché, quando arriviamo in città, sono pieno solo a metà. Perdona la mia debolezza».
L'indomani, sulla strada verso il fiume, il padrone disse all'otre: «Guarda ai bordi della strada». «È carino, è pieno di fiori», rispose questo. Replicò il padrone: «È grazie a te. Sei tu che ogni mattina innaffi il lato della strada! Ho comprato un pacchetto di semi di fiori e li ho seminati lungo la strada e tu, senza saperlo, li hai innaffiati ogni giorno... Non dimenticarlo mai: siamo tutti un po' feriti, ma Dio, se noi glielo chiediamo, sa fare meraviglie delle nostre debolezze» (Luc Lafleur).

La sofferenza della potatura

Un giorno una vite disse al contadino: «Perché mi stai venendo vicino con quelle forbici? Buttale via: non sai che adesso i tempi sono cambiati?».

«Già – rispose il contadino –. A pensarci bene, non hai torto. Non sono più i tempi di una volta!». E così non la potò.
Ma in autunno la vite non ebbe uva. Vennero gli amici per assaggiare il vino nuovo e il padrone della vigna disse, sconsolato: «Non c'è vino nuovo. I tempi sono cambiati»...

Il ricamo

C'è una mamma che sta ricamando. Suo figlio, seduto su uno sgabello basso, vede il suo lavoro; ma alla rovescia. Vede i nodi del ricamo, i fili confusi e dice: «Mamma, si può sapere cosa fai? È così poco chiaro il tuo lavoro!». Allora la mamma abbassa il telaio e mostra la parte diritta del lavoro. Ogni colore è al suo posto e la varietà di fili si compone nell'armonia del disegno.
Ecco, noi vediamo il rovescio del ricamo. Siamo seduti sullo sgabello basso.

(san Padre Pio a chi gli chiedeva il perché del male nel mondo)

SMS
SII MOLTO
SAPIENTE:
«Getta le tue preoccupazioni in Dio. È lui che deve pensare a te. Perciò deve essere lui il preoccupato, non tu».
(Simone Weil)

Il sistema di Dio

Chiesi al Signore di darmi un mazzo di fiori freschi, invece ottenni un cactus coperto di terribili spine.
Chiesi al Signore di darmi qualche bella farfalla, invece ottenni vermi orribili, ripugnanti. Ne fui spaventato, deluso, distrutto.
Ma ecco: dopo qualche giorno, improvvisamente il cactus si mise a fiorire. Ed i vermi si mutarono in farfalle magnifiche.
È il sistema di Dio. Il migliore.

(Kao Chu-Ming)

HIT-PARADE DELLE LAMENTAZIONI

1 - *PORTATEMI DIO* **di Vasco Rossi: «Portatemi Dio sul banco degli imputati...». Risposta: «Ci sono abituato. È ormai da 2000 anni che sono su quel banco».**

2 - *MA CHE RAZZA DI DIO C'È NEL CIELO?*: **«L'infinito silenzio sopra un campo di battaglia... l'inspiegabile curva della moto di un figlio che a vent'anni te lo devi scordare...». Risposta: «Il dramma della violenza e della sofferenza umana è anche il mio!».**

3 - *HAI UN MOMENTO DIO?* **di Ligabue. Risposta: «Certo! Ho tutta l'eternità...».**

4 - *OGGI UN DIO NON HO* **di Raf. Risposta: «Se non riesci a scorgermi è perché sei un po' miope: sappi, comunque, che non ti perdo mai di vista».**

5 - *CHE SARÀ DI ME?* **di Massimo Di Cataldo: «Una preghiera non c'è per non sentire il vuoto in me. Ci si arrampica ai sogni, ma si cade giù, e con i lividi addosso poi non si vola più». Risposta: «Io sono "l'amico, lì vicino al tuo fianco nel dolore e nel rimpianto". Sapessi quante volte sono stato deluso in amore!».**

i miei appunti

. . . .

. . . .

. . . .

. . . .

. . . .

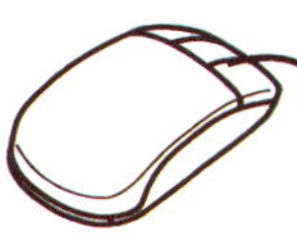

Le sette opere di misericordia spirituale

1. *Consigliare i dubbiosi.*
2. *Insegnare agli ignoranti.*
3. *Ammonire i peccatori.*
4. *Consolare gli afflitti.*
5. *Perdonare le offese.*
6. *Sopportare pazientemente le persone moleste.*
7. *Pregare Dio per i vivi e per i morti.*

Sofferenza Dolore

«Fermati ad annusare il dolore. È molto istruttivo».
(Antonio Mazzi)

«Coraggio! La mano del Signore che ti sorregge non si è accorciata!».
(san Padre Pio)

Quando sei triste,
quando tutto attorno a te
sembra affondare
non pensare al male, ma pensa a me.
Io non tolgo dalla tua esistenza il bene e il male,
la tua responsabilità, l'altrui libertà.
Io posso solo immettere energia di vita
nella tua vita. Non ti libero da ogni delusione,
ma ti sono accanto in ogni difficoltà.
Forse "quel" dolore, "quella" disavventura
non sono altro che strumenti delle mie mani
che ti stringono tanto forte al mio petto
da farti male!

(firmato: DIO)

Porgimi la mano!

O Dio, faccio fatica ad ammetterlo,
ma spesso mi sento piccolo e fragile
di fronte al mistero della vita.
Ti supplico, dunque: se lo sconforto mi assale,
non lasciarmi disperare.
Se le tante preoccupazioni mi pesano,
non permettere che mi schiaccino.
Se sono deluso e 'a terra', rialzami
perché io non diventi amaro e scontroso.
Quando il buio mi circonda ovunque,
guidami verso casa, un passo per volta.
Quando divento ansioso per la paura,
non abbandonarmi alla mia debolezza.
Quando il dubbio fa vacillare la mia fede,
calma il groviglio dei miei pensieri.
Quando mi sento inconcludente e arido,
donami nuova energia per ricominciare.
Signore, salvami! Allunga la tua mano
e abbracciami!

(cfr. Salmi 28 – 31)

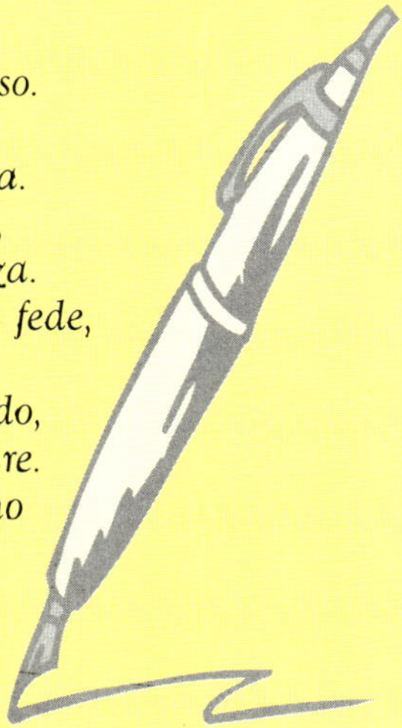

«Quando ti svegli dici: "Buon giorno, mio Dio!", oppure "Mio Dio, un altro giorno"?... Mentre vaghi per la vita, quale che sia il tuo scopo, tieni d'occhio la ciambella, non il buco».

(John Powell)

9. Sole, Cuore, Amore!

È la "canzone-tormentone" di qualche estate fa. "Sole" è gioia di vivere, "cuore" è il centro della persona, "amore" la forza che trascina il mondo. Spesso hai paura dei tuoi sentimenti e delle tue emozioni: perciò le nascondi e le rimuovi. Vai in crisi se "nessuno ti fila", ma il tuo cuore batte anche con i brufoli e le orecchie a sventola! Siamo tutti affamati di comprensione e assetati d'affetto... Come Osea, il profeta che sposò una donna che lo tradiva.

cfr. Cantico dei cantici 6, 7, 8

Come il fulmine

(Lui): «Chi è mai questa ragazza amabile come l'aurora, bella come la luna, splendente come il sole, affascinante come un miraggio?».

(Lei): «L'amore è forte come la morte, la passione è irresistibile... È una fiamma ardente come il fulmine. Non basterebbe l'acqua degli oceani a spegnere l'amore. Neppure i fiumi lo potrebbero sommergere. Se qualcuno provasse a comprare l'amore con le sue ricchezze, otterrebbe solo il disprezzo».

(Lui): «Quanto sei bella, quanto sei graziosa, amore mio, delizia mia».

(Lei): «Corri, amore, veloce come una gazzella o un cerbiatto sui monti profumati».

Sms di Osea a sua moglie

«Con te sarò giusto e fedele» (2,21).
«Desidererei da te un amore costante. Invece il tuo è come la rugiada che svanisce all'alba» (6,4).
«Ti dimostrerò il mio amore e la mia tenerezza» (2,21).
«Sarai mia per sempre» (2,21).
«Il mio cuore non mi permette di abbandonarti, il mio amore per te è troppo forte» (11,8).
(Dopo il tradimento): «Ritorna da me. Ti amerò con tutto il cuore» (14,5).
«Torna! Sarò per te come rugiada e tu fiorirai come un giglio» (14,6-7).
P.S.: Sono gli stessi messaggi che il Signore invia a te continuamente.

Se ti facessero un check-up al cuore cosa troverebbero: troppo zucchero nel sangue, sclerosi del muscolo, sangue cattivo, poche difese immunitarie...? Come ti trovi in famiglia? E a scuola? Cosa pensi di cambiare nei tuoi atteggiamenti per superare eventuali difficoltà? Ad amicizie come stai? (P.S.: Basta un amico/a per non sentirsi soli).

Amori fragili (ovvero, sorridere per non piangere):

Il giovane inserì la propria scheda personale in un computer programmato per trovare l'anima gemella. Le sue richieste erano così formulate: «Sono un ragazzo dinamico e sportivo. Desidero una partner un po' controcorrente, piena di vita e che sappia ben nuotare».
Rispose il computer: «Sposati una trota!».

«Tu, o Giove, ti sei fatto anche cigno per amore di Leda! O amore onnipotente! Quanto non s'approssimò quel dio alla natura di un'oca» (William Shakespeare).

Una ragazza diceva alla sua miglior amica: «Gli uomini son tutti uguali. Perché incontro sempre uomini che abusano dei miei sentimenti?».
Rispose l'amica: «Il problema non è che li incontri. Il problema è che tu dai a tutti il tuo numero di cellulare!».

Una giovane donna telefonò a una tipografia: «Si ricorda quelle partecipazioni che ho ordinato la settimana scorsa? Ecco, volevo sapere se è troppo tardi per apportare qualche modifica». «Mi dica pure, signorina, vediamo cosa si può fare». «D'accordo. È cambiata la data, la chiesa e la persona che sposerò» (Anthony De Mello).

La felicità nella coda...

Un gattone vide un gattino che rincorreva la propria coda e gli domandò: «Come mai corri dietro la tua coda in questo modo?». Rispose il gattino: «Ho sentito dire che la cosa migliore per un gatto è la felicità e che la felicità è la mia coda. Ecco perché la rincorro; quando l'avrò afferrata, avrò la felicità». «Figliolo – disse il vecchio gatto – anch'io ho considerato con attenzione i problemi universali. Anch'io ho concluso che la felicità è nella mia coda, ma ho notato che, ogni volta che mi metto a rincorrerla, essa mi sfugge, mentre quando faccio qualcosa per me e per gli altri mi viene dietro ovunque io vada» (C.L. James).

Emozionarsi è giusto!

Un maestro zen, udendo dei lamenti provenire da una casa, vi entrò con discrezione. Vide che vi era un uomo morto. La famiglia e gli amici lo stavano piangendo. Anch'egli si mise a singhiozzare.
Fu notato da un vecchio che, stupito di vedere un maestro così famoso piangere, gli disse: «Perché piangi? Pensavo che almeno tu fossi superiore a questo».
«È proprio perché piango, che sono superiore a questo», rispose il maestro. E continuò a piangere.

L'amore è come:

- L' **A***ttak*: se ce l'hai nel cuore, tendi ad unire.
- La **B***oxe*. Devi saper dare e ancora più incassare, se fino in fondo vuoi arrivare.
- Il **C***ristallo* trasparente: s'appanna col fiato pesante.
- Un **D***ono* esemplare: spegne il ricevere, esalta il dare.
- Un' **E***sca* salutare: attrae senza fregare.
- Una **F***errari*: il motore potente esige una guida sapiente.
- Un **G***iogo* leggero: raddoppia la forza, dimezza la fatica nei solchi della vita.
- Un **H***obby* non è, che dura poco e se ne va; ma è un serio impegno di fedeltà.

- *Ti va di continuare?* . . . .

. . . .

. . . .

. . . .

. . . .

. . . .

. . . .

. . . .

. . . .

. . . .

. . . .

Il quartiere del non-amore

Via delle Botteghe Oscure: vendonsi semi di ipocrisia, invidia, rancore, maldicenza… (facili da attecchire).
Circonvallazione dell'egocentrismo: tangenziale per chi vuol prendere impegni e responsabilità "alla larga".

Via degli amori infranti: artisti e persone anonime cantano, piangono, mimano le loro delusioni amorose (attenzione a non scivolare, asfalto bagnato).

Piazzale della pace: pieno di sfaccendati, all'insegna del "lasciatemi in pace!". Sedili, panchine per una perenne siesta tranquilla.

SMS
SOLE, MARE, SALE

Per essere sale, nel mare della vita, hai bisogno del Sole, che è gioia, calore, vita.

Beauty-center "Belli senz'anima": palestre, fitness, lifting, sale per il trucco, chirurgia estetica… tutto quanto occorre per cambiarsi i connotati.

Play-center "Vietato vietare": altrimenti che piacere è… piccola Città dei balocchi con divertimento (e noia) assicurati.

Slargo "Non-ti-scordar-di-me": luogo d'incontro per cuori solitari.

Museo degli Arrabbiati: statue e dipinti sullo stile "Maledetto il giorno in cui…", "T'avessi mai trovata!"…

Via Nuovi Orizzonti: Da qui iniziano altri quartieri, con nuove prospettive.

La farmacia dell'amore

(ovvero, parole come medicina):

- Cardiotonico per il ***cuore***: «Anche se il nostro cuore ci condanna, Dio è più grande del nostro cuore».
(1Gv 3,20)
«L'intelletto cerca, ma chi trova è il cuore».
(George Sand)

- Collirio per gli ***occhi***: «Amare qualcuno vuol dire essere l'unico a vedere un miracolo invisibile agli altri».
(François Mauriac)

- Colluttorio per la ***bocca***: «Una buona parola non va mai perduta». (Jacob Maurus)
«Un angelo non manda mai al diavolo nessuno».
(Phil Bosmans)

- Antinfiammatorio per le ***orecchie***: «Uno degli strumenti più validi per convincere gli altri sono le nostre orecchie: ascoltandoli». (Dean Rusk)
«Quando si è saputo ascoltare, bastano poche parole per dire molte cose». (René Voillaume)

- Antibiotico per ***malattie infettive***: «L'amore caccia le più pericolose malattie del cuore: odio, invidia, avarizia».
(Pearl S. Buck)

- Vitamina per le ***grandi salite***: «L'amore resta la scala d'oro sulla quale salire al cielo». (Emanuel Geibel)

- Anti-panico per il ***volo***: «Siamo angeli con un'ala soltanto. Dobbiamo abbracciarci se vogliamo volare».
(Luciano De Crescenzo)
«L'amore vi darà le ali». (santa Teresa di Lisieux)

- ***Ansiolitico***: «Su questa terra, vicino e lontano, l'amore caccia via la paura». (Pearl S. Buck)

- ***Antidepressivo***: «Dove si semina amore, nasce gioia».
(Hans Walldorf)

Le sette opere di misericordia corporale

1. *Dar da mangiare agli affamati.*
2. *Dar da bere agli assetati.*
3. *Vestire gli ignudi.*
4. *Alloggiare i pellegrini.*
5. *Visitare gli infermi.*
6. *Visitare i carcerati.*
7. *Seppellire i morti*

Amore

«Che cos'è l'amore?». «È l'assenza totale di paura». «E che cos'è che fa paura?». «L'amore!».

(Anthony De Mello)

«L'amore è la risposta ma, mentre stai aspettando la risposta, il sesso suscita alcune graziose domande».

(Woody Allen)

Da un po' di tempo sto osservando
le tue finestre chiuse.
Aprile! Io sono la Luce.
Da tanto tempo sono davanti
alla tua porta sprangata.
Aprila tu, perché ha solo
una maniglia dall'interno.
Io sono l'Amico che ti aspetta
sulla soglia. Non permettere
al tuo cuore di diventare un ripostiglio
dove c'è di tutto. Apriti!
Non vivere prigioniero di te stesso.
Io sono Amore.

(firmato: DIO - cfr. Salmo 103)

Un volto e un cuore da incontro

Dammi, Signore, il sole dell'ottimismo,
il calore degli affetti e un volto
da incontro, sereno e simpatico.
Dammi un cuore buono,
pulsante di vita, un cuore amico, capace
di sorridere e di emozionarsi.
Dammi, infine, la capacità di amare
e di dominare me stesso, il mio egoismo,
la mia sensualità. Fa' che niente
e nessuno inquini i rapporti
tra i ragazzi e le ragazze della mia età.
Sole, cuore e amore
non rimangano in me
come tre semplici parole,
ma prendano corpo concretamente
nei miei gesti quotidiani.

«Un filosofo diceva: "Penso, perciò sono".
Noi invece diciamo: "Amo, perciò sono".
Il nostro essere è amore.
Mentre amiamo, siamo».

(Chiara Lubich)

10. Adesso... o mai più

È bello sognare in grande, ma è la quotidianità che ammazza. Ciò che è duro da affrontare e che ti fa paura sono i piccoli impegni quotidiani, è la monotonia dei giorni tutti uguali.
Puoi imparare tanto da San Giuseppe, il santo più straordinario che ha vissuto una vita del tutto ordinaria. Un uomo che ha seguito i segni e i sogni che Dio gli mandava.

Matteo 1,18-24

Fece come gli aveva ordinato

Maria era fidanzata con Giuseppe; essi non vivevano ancora insieme, ma lo Spirito Santo agì in Maria ed ella si trovò incinta. Ormai Giuseppe stava per sposarla. Egli voleva fare ciò che era giusto, ma non voleva denunziarla di fronte a tutti. Allora decise di rompere il fidanzamento, senza dire niente a nessuno.
Ci stava ancora pensando, quando una notte in sogno gli apparve un angelo del Signore e gli disse: «Giuseppe, discendente di Davide, non devi aver paura di sposare Maria, la tua fidanzata: il bambino che lei aspetta è opera dello Spirito Santo...».
Quando Giuseppe si svegliò, fece come l'angelo gli aveva ordinato e prese Maria in casa sua.

Visita "didattica" alla bottega di Giuseppe

Buongiorno Giuseppe, vedo che sei solo: posso entrare?... Se ti devo dire la verità, mi è costato un po' venire a trovarti perché trovo difficoltà a parlare con un uomo che nel Vangelo non dice nemmeno una parola.
La tua bottega è molto piccola e povera. Non c'è molto da vedere, ma forse c'è tanto da imparare. Tu infatti sei una di quelle persone che con il loro silenzio insegnano più di chi blatera continuamente al vento.
Posso dare un'occhiata attorno? Se permetti, vorrei portare via con me qualche piccolo ricordo, quasi dei "souvenir" della tua bottega.
Siccome hai fatto un cenno col capo, prendo *un sacchetto di segatura*: essa starà a indicarmi il lavoro duro, quotidiano che però ti permette di mantenere dignitosamente Maria e Gesù. Mi insegnerà a eseguire bene il mio compito, con pazienza e con competenza. Mi ricorderà l'austerità di questo luogo: qui niente viene buttato, a differenza di come faccio spesso io.
Prendo con me, poi, *un filo di paglia* da questa vecchia sedia fabbricata da te e sulla quale spesso ti siedi per riposare un poco. Essa mi ricorda la tua calma e la tua tenerezza. Chissà quante volte ti sei seduto qui per prendere tra le braccia il tuo Gesù, accarezzarlo, raccontargli le storie della Bibbia. Chissà quante volte Gesù ti avrà chiamato qui "abbà", cioè "papino", "papà mio". Ha sicuramente imparato da te a rivolgersi così a Dio e a presentarlo come un Padre tenero, paziente e premuroso.
Se permetti, porterei ancora con me *un pezzetto di pane raffermo e qualche goccio di questo vino aspro* che si trovano sul tavolo in cucina. Ogni giorno tu lo spezzi, dopo aver ringraziato il Signore. Gesù non inventerà niente quando un giorno insegnerà la preghiera: «Dacci oggi il nostro pane quotidiano» e quando ripeterà, pur con un significato totalmente nuovo, le stesse tue parole che dici agli ospiti di casa tua: «Prendete e mangiate!... Prendete e bevetene tutti!».
Scusa, ma vorrei portare con me anche *le briglie dell'asinello*

che hai usato per accompagnare Maria a Betlemme, poi in Egitto. Esse mi ricorderanno tutte le tue preoccupazioni, la fatica del viaggio, il portare il peso di altri, le responsabilità che hai affrontato. Senza di te, Maria e Gesù non sarebbero sani e salvi qui a Nazaret. Le briglie dell'asinello mi rammenteranno anche la tua umiltà e la tua obbedienza (bella testimonianza in una società maschilista come la nostra). Tu hai semplicemente obbedito a una visione, ascoltato le promesse di un sogno, e così hai permesso a Dio di realizzare il suo, di sogno!

Grazie di tutto, Giuseppe! Bella lezione mi hai dato. D'ora innanzi non ci sarà più niente di ordinario, di banale, di inutile nella mia esperienza. Piccoli gesti fatti con fedeltà e molto amore uniscono la terra al cielo.

Ti saluto! Quando ritornano, dai una carezza da parte mia a Gesù e un bacio a Maria. Di' loro che vi voglio tanto bene!

SMS
SEMBRANO
MINIME
SCIOCCHEZZE
ma...
«Foglia che cade nel fiume, anche se il fiume la porta via, cambia l'aspetto del fiume!» (Geir Campos).

Rivedi come hai trascorso la giornata di ieri. Quanto tempo hai dato al sonno, allo studio, all'igiene personale, al cibo, agli amici, alla famiglia... al Signore? C'è qualcosa da correggere? Se sì, fallo oggi!
Pensa alla giornata di domani: cosa ti preoccupa, ti dà fastidio, ti scoccia di più? Pensa a come meglio affrontare il tutto e poi affidati alle mani del Signore.

I giorni perduti

Passando vicino a una discarica, il signor Ernesto vide un estraneo che scaricava una cassa di sua proprietà. Il baratro in cui la stava buttando era ingombro di migliaia di altre casse. «Che

cosa fai?», gli chiese. Quello lo guardò e sorrise: «Sto buttando i tuoi giorni». «Quali giorni?», chiese Ernesto. «I tuoi giorni perduti. Li vuoi guardare per un'ultima volta?».
Il signor Ernesto guardò dentro la cassa. Ce n'era un mucchio immenso. C'era una strada d'autunno e, in fondo, la sua fidanzata che se n'andava per sempre. E lui neppure la chiamava. C'era una camera d'ospedale, e sul letto suo fratello che stava male. Ma lui era in giro per affari.
Ernesto si sentì prendere da un morso alla bocca dello stomaco. Lo scaricatore, stava sul ciglio del burrone. «Signore! – gridò Ernesto. – Lasci che porti via almeno due o tre giorni. Io sono ricco. Le darò tutto quello che vuole». Lo scaricatore fece un gesto come per dire che era troppo tardi e che nessun rimedio era più possibile. Poi svanì nell'aria, e all'istante scomparve anche il gigantesco cumulo delle casse misteriose. E l'ombra della notte scendeva.

Da *Le notti difficili* di
Dino Buzzati

Come l'albero!

Chiese il discepolo al maestro: «Come posso sapere che cosa devo fare?».
Rispose il maestro:
«Crescendo,
nel posto dove sei,
nel momento in cui vivi,
con le persone
che hai attorno...
... come
l'albero!».

Tempi moderni

Un vescovo citava con insolita arguzia le cause per cui oggi vi sono pochi testimoni autentici. Tali cause erano: i pannolini, il microonde e l'aspirina.
I pannolini sono il simbolo dell'usa e getta: niente dura, nulla è per sempre.
Il microonde rappresenta l'effetto dell'azione istantanea con risultati immediati. Oggi non c'è posto per le lunghe attese.
L'aspirina favorisce la scarsa sopportazione del dolore, la fuga dalla sofferenza, il rimedio immediato.
E senza il senso della durata, la pazienza e il sacrificio non può esserci una fede che diventi testimonianza.

Solo per oggi

Solo per oggi, cercherò di vivere alla giornata,
senza voler risolvere il problema della mia vita
tutto in una volta.
Solo per oggi, avrò la massima cura del mio aspetto:
vestirò con sobrietà: non alzerò la voce; non criticherò
nessuno; non pretenderò di migliorare o disciplinare
nessuno tranne me stesso.
Solo per oggi, sarò felice nella certezza che sono stato
creato per essere felice non solo nell'altro mondo
ma anche quaggiù.
Solo per oggi, mi adatterò alle circostanze,
senza pretendere che le circostanze si adattino
tutte ai miei desideri.
Solo per oggi, dedicherò dieci minuti del mio tempo
a qualche lettura buona, ricordando che come il cibo
è necessario alla vita del corpo, così la buona lettura
è necessaria alla vita dell'anima.
Solo per oggi, compirò una buona azione e non lo dirò
a nessuno.
Solo per oggi, farò almeno una cosa che non desidero
fare, e se mi sentirò offeso nei miei sentimenti,
farò in modo che nessuno se ne accorga.

Solo per oggi, mi farò un programma: forse non lo seguirò a puntino, ma lo farò. E mi guarderò da due malanni: la fretta e l'indecisione.
Solo per oggi, crederò, nonostante le apparenze, che la Provvidenza di Dio si occupa di me come nessun altro esistente al mondo.
Solo per oggi, non avrò timori. In particolare non avrò paura di ciò che è bello e di credere alla bontà... Posso ben fare, per 12 ore, ciò che mi sgomenterebbe se pensassi di farlo per tutta la vita.

Papa Giovanni XXIII

Preghiera del mattino

Ti adoro, mio Dio,
e ti amo con tutto il cuore.
Ti ringrazio di avermi creato,
fatto cristiano
e conservato in questa notte.
Ti offro le azioni della giornata:
fa' che siano tutte
secondo la tua santa volontà.
Preservami dal peccato
e da ogni male.
La tua grazia sia sempre con me
e con tutti i miei cari. Amen

Preghiera della sera

Ti adoro, mio Dio,
e ti amo con tutto il cuore.
Ti ringrazio di avermi creato,
fatto cristiano
e conservato in questo giorno.
Perdonami il male oggi commesso.
E se qualche bene ho compiuto,
accettalo.
Custodiscimi nel riposo
e liberami dai pericoli.
La tua grazia sia sempre con me
E con tutti i miei cari. Amen.

i miei appunti

. . . .

. . . .

. . . .

Qui, ora

**«Non scocciarmi col tuo amore per l'umanità:
dimmi piuttosto come ti comporti con tua madre
o col vicino che ti assorda col suo giradischi!».**

(Italo A. Chiusano)

**«Signore, io ti dono tutta la mia vita...
ma non questi tre minuti nei quali
non ho proprio voglia di andare a lavorare».**

(Madeleine Delbrêl)

***Ti regalo un altro giorno.
Nuovo, mai vissuto da nessuno:
non guardarlo come una vecchia
pagina del diario, non sgualcirlo.
Ogni giorno è come un fiore
che ti sboccia fra le mani: nutrilo,
non fartelo appassire tra le mani.
Non sprecare il tempo, non ammazzarlo:
è il regalo che io ti faccio.
Non fermarti alla confezione: aprilo,
goditelo, usalo nel migliore dei modi:
questo è il regalo che tu puoi fare a me.***

(firmato: DIO)

Signore del tempo

*Signore dei miei attimi,
sciogli il mio cuore dai nodi
che mi legano a cose senza importanza.*

Signore delle mie giornate,
fa' che cammini affrontando senza pigrizia
tutto ciò che ogni giorno mi riserva.
Dio del passato,
libera il mio spirito dagli sbagli commessi
e dai sensi di colpa.
Dio del futuro, aiutami a progettare la vita
senza mai metterti da parte.
Padre del presente,
fa' che sappia scorgere
negli avvenimenti di oggi
la tua presenza silenziosa e reale.
Padre dei miei anni,
dammi di non vivere
da addormentato,
ancorato in un mare
di tranquillità.
Nessuna paura mi blocchi,
nessun falso messaggio
mi frastorni,
nessun dolore mi isoli.
E grazie per la tua mano
provvidente
che orienta tutto al bene!

(cfr. Salmo 136)

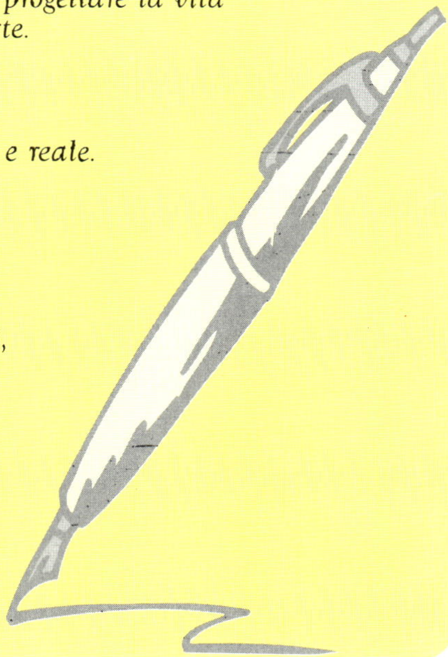

«Non abbiate paura di dare il vostro tempo a Cristo! Sì, apriamo a Cristo il nostro tempo, perché egli lo possa illuminare e indirizzare. Egli è colui che conosce il segreto del tempo e il segreto dell'eterno, e ci consegna il "suo giorno" come un dono sempre nuovo del suo amore».

(Giovanni Paolo II, *Dies Domini*, n. 7)

11. Piccolo è bello

Fai fatica ad accettarti perché ti vedi fragile, piccolo, insignificante... Ti piacerebbe assomigliare a Rambo, Schwarzenegger o a un qualunque divo del calcio, della moda, del cinema. Mentre sogni ad occhi aperti, non ti accorgi che la tua autostima è molto bassa. Perciò hai paura di affidarti a Dio, fai fatica ad affrontare gli impegni e ad accettare te stesso. La grandezza di Maria consiste nel fatto che si è affidata al progetto di Dio, pur sapendo di essere giovane e sconosciuta. La sua umiltà è sfociata così in un canto gioioso: «Egli ha fatto in me grandi cose!».

Luca 1,28-30.38

Eccomi!

**L'angelo entrò in casa di Maria e disse: «Ti saluto, Maria! Il Signore è con te: egli ti ha colmata di grazia».
Maria fu molto impressionata da queste parole e si domandava che significato poteva avere quel saluto.
Ma l'angelo le disse: «Non temere, Maria! Tu hai trovato grazia presso Dio. Avrai un figlio, lo darai alla luce e gli metterai nome Gesù»...
Allora Maria disse: «Eccomi, sono la serva del Signore. Dio faccia con me come tu hai detto».**

E-mail di Dio a un ragazzo d'oggi

La scelta di Maria ti ricorda quali sono le mie preferenze e che tipo di persone sono quelle che collaborano normalmente con me.
Il futuro dell'umanità si è deciso in un paesino sperduto di cui si diceva che «non poteva uscire niente di buono».
Io ho affidato la venuta al mondo di mio Figlio alla libera risposta di una ragazza umile, povera e totalmente sconosciuta. Io agisco attraverso le persone di cui il mondo di solito si dimentica. Non mi alleo con chi ha denaro, potere, forza militare, grandi mezzi di comunicazione. Davanti a me è grande chi è fedele alle piccole cose e mi lascia liberamente agire nel suo cuore.
Cammino tra gli uomini e annuncio la mia Parola attraverso la piccolezza e l'umiltà di chi, come Maria, è capace di accogliere la pienezza del mio amore gratuito.
Lei era una ragazza umile e libera, così che io sono stato libero di compiere in lei il mio progetto. Lei è il più grande prodigio del mondo, la mia più bella invenzione... Ma ogni uomo è così nei miei pensieri: anche tu! Ho bisogno anche di te, come di Maria. Nel suo grembo si è compiuto l'evento più strepitoso del mondo: l'immenso nel piccolo!
Anche tu sei il mio tesoro. Devi solo scoprire, come ha fatto Maria, le intenzioni con cui ti ho pensato, voluto, chiamato, e quelle che aspettano ancora di essere realizzate. Non tradire il sogno che ho avuto sulla tua culla! Insieme con Maria, ho scelto anche te, nel mio stesso progetto!
Lei si è commossa, ma non ha avuto paura. E non ha dubitato. Ha semplicemente chiesto, piena di stupore davanti al Mistero, come poteva accadere ciò che sembrava incredibile. Poi si è affidata, con una parola semplice, la più difficile da pronunciare da parte dell'uomo ma che è musica per le mie orecchie: «Eccomi!».

Nel tuo piccolo, prova a dire dei no:

alle richieste inopportune, anche se pressanti:
non sei tu che salverai l'universo;
alle sollecitazioni continue del mondo consumistico:
non sei un prodotto di bellezza;
all'indifferenza: diventa faticoso portare in giro un cuore duro come un macigno;
al continuo confronto con gli altri: non sei il clone di nessuno;
alle invidie e gelosie: ti rendono acido più dell'aceto;
al tuo io che vuole essere sempre al centro:
non sei tu l'ombelico del mondo.

Nel tuo piccolo, prova a dire "Eccomi":

quando la vita ti chiama e ti pone domande;
quando tua madre ti chiede un favore;
quando tuo padre o un educatore ti danno un suggerimento;
quando un compagno di classe ti chiede un aiuto;
quando qualcuno domanda attenzione;
quando il Signore ti invita a seguirlo.

- Se tu dovessi disegnarti come se fossi un regalo, che immagine useresti (confezione, scatola, interno...)?

SMS
Sì MOLTO
SICURI

«La vita di una persona dipende da alcuni "sì" e da alcuni "no" detti durante la sua giovinezza»

Il tuo piccolo contributo

«Dimmi un po', quanto pesa un fiocco di neve?» domandò la cinciallegra alla colomba. «Niente di niente» fu la risposta.
Allora la cinciallegra le raccontò una storia.
«Mi trovavo sul ramo di un pino quando cominciò a nevicare. Dato che non avevo niente da fare, cominciai a contare i

fiocchi di neve che cadevano sul ramo su cui mi trovavo. Ne caddero 3.751.952. Quando il 3.751.953esimo cadde sul ramo, un niente di niente – come tu hai detto – il ramo si spezzò». Detto questo la cinciallegra se ne andò.
La colomba pensò un momento e concluse tra sé: «Ecco, forse non manca più che una sola persona perché tutto si capovolga e il mondo cambi».

Il macigno e il seme

«Guarda come sono forte» disse un grosso macigno a un piccolo seme.
Ciò detto si lanciò da un'altura abbattendo tutto ciò che incontrava: non si fermava davanti a nessun ostacolo e finì la sua corsa facendo un grosso buco nel terreno.
«Vedi – continuò il macigno – i miei risultati sono rapidi ed eclatanti».
Il seme sorrideva calmo. Una mano lo prese e lo seminò nel terreno. Anche il macigno fu sepolto dal vento sotto un manto di foglie e di terra.
Passarono i giorni e dal seme nacque una spiga. Passò un anno e nacquero tante spighe. Dopo pochi anni, il macigno era sempre più sprofondato nel terreno mentre il seme era diventato un biondo campo di grano.

«Povero me», gemette il masso, «cosa ci sto a fare al mondo? Se qualcuno si ricorda di me, è solo per maledirmi. Come hai fatto ad essere tu il più forte?».
«Siamo forti tutti e due, ma di una forza diversa», rispose il seme. «Tu hai bisogno di "spinte" per salire in alto, io mi affido ad una mano amica per scendere in un solco; tu fai molto rumore per essere vincente, io mi nascondo per crescere abbondante; tu hai macinato e distrutto tutto ciò che si frapponeva alla tua corsa, io tendo alla luce per crescere e lasciarmi mangiare; tu puoi servire al massimo per costruire archi di trionfo e lapidi da cimitero, io tolgo la fame e divento carne e sangue vitali. Tu ti imponi con la tua mole, io attraggo per la mia bellezza. Io sono piccolo ma ho una grande energia di dentro, tu non puoi trascorrere una vita felice per il semplice motivo che in te non c'è neppure vita!».

Contro l'orgoglio

Un fratello andò a trovare Elia il solitario e gli disse: «In città ho conosciuto un uomo orgoglioso che ha una grande idea di se stesso».
«Sii certo – rispose Elia – che quando uno ha una grande idea di se stesso, quella è l'unica grande idea che ha».

(Racconto dei monaci del deserto)

Unicità

«Io non so a cosa serve questo ciottolo,
ma certamente serve a qualche cosa. Se fosse inutile,
anche tutto il resto sarebbe inutile. Anche le stelle.
È così, lo sai? E anche tu, anche tu servi a qualche cosa,
con la tua testa da carciofo». (Federico Fellini)

«Tu sei un pensiero di Dio, tu sei un palpito del cuore di Dio. Tu hai un valore in un certo senso infinito; tu conti per Dio nella tua irrepetibile individualità. Dio ti ha pensato e ti ama personalmente. Egli ti affida il mondo!».
(Giovanni Paolo II ai giovani del Kazakhistan, settembre 2001)

Piccole cose cambiano il mondo

(Per chi pensa che il piccolo non è nulla)

Piccola è la goccia di rugiada
e rinfresca le foglie assetate.
Piccolo è il chicco di grano
e riempie le tavole di pane.
Piccolo l'acino d'uva
e riempie di vino i bicchieri.
Piccola è la pietra preziosa
e adorna la corona del re.
Piccolo è l'uomo alla nascita
e niente è più grande di lui.
Che piccola cosa è un desiderio
e può cambiare la vita.
Che piccola cosa è un'idea
e può commuovere il mondo.
Che piccola cosa è un bastone
e sostiene il peso dell'anziano.
Che piccola cosa è il sorriso
e riempie di felicità chi è triste.
Che piccola cosa è un bicchiere d'acqua
e Dio non lo lascerà senza ricompensa.

(José Guillen)

Dio sia benedetto!

Benedetto il suo Santo Nome.
Benedetto Gesù Cristo, vero Dio e vero Uomo.
Benedetto il nome di Gesù.
Benedetto il suo Sacratissimo Cuore.
Benedetto Gesù nel Santissimo Sacramento dell'altare.
Benedetta la gran Madre di Dio, Maria Santissima.
Benedetta la sua Santa ed Immacolata Concezione.
Benedetta la sua gloriosa Assunzione.
Benedetto il nome di Maria Vergine e Madre.
Benedetto san Giuseppe suo castissimo Sposo.
Benedetto Iddio nei suoi Angeli e nei suoi Santi.

Sono la piena di grazia,
tutta bella e tutta santa
perché il Signore è con me.
Sono la più fortunata
tra tutte le donne,
"alta" più di ogni creatura,
perché mi sono abbassata davanti al Signore,
permettendogli di compiere in me il suo progetto.
Sono la Madre di Dio,
"figlia del mio Figlio".
perché ho detto umilmente
il mio "sì" al Signore.
Sono tua Madre in cielo, vicina al mio Gesù
al quale porto tutte le gioie,
le speranze e le preoccupazioni
di ogni mio figlio in terra.
Confida in me, affidati a lui.

(*Firmato:* MARIA)

Eccomi qui, Maria!

Eccomi qui, in lotta tra il male
e la decisione di vivere il bene:
piena di grazia, assistimi!
Eccomi qui, in tensione
con il mio stesso cuore,
sempre sospeso tra luce ed ombre:
sede della sapienza, illuminami!
Eccomi qui,
desideroso di essere me stesso,
autentico, semplicemente io:
Maria, donna perfetta, aiutami!
Eccomi qui davanti
al tuo Figlio, il "Dio con noi"
grazie al tuo semplice "sì":
Madre mia, prega per me!

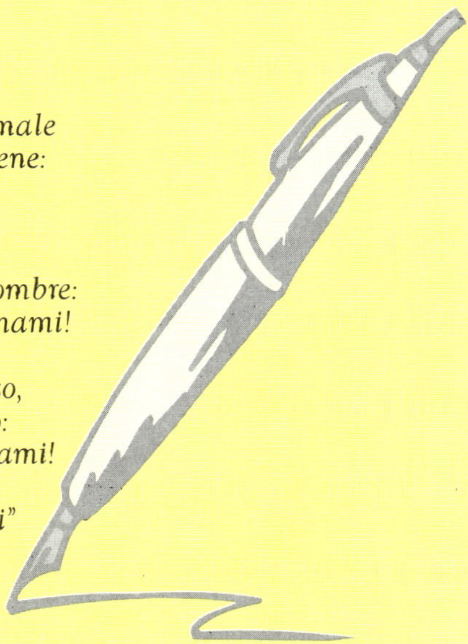

«Come la sinfonia ha bisogno di ogni nota.
Come il libro ha bisogno di ogni parola.
Come la casa ha bisogno di ogni pietra.
Come l'oceano ha bisogno di ogni goccia d'acqua.
Come la messe ha bisogno di ogni chicco.
L'umanità intera ha bisogno di te, qui dove sei,
unico, e perciò insostituibile.
Che cosa aspetti?».

(Michel Quoist)

12. Tutto casa e scuola

È facile amare l'umanità. Difficile è, invece, voler bene a coloro con cui vivi gomito a gomito: in famiglia e a scuola, là dove passi la maggior parte del tuo tempo. Quante tensioni nella prima (la famiglia)! Quante ansie crea la seconda (la scuola)! Gesù era un ragazzo come te che ha vissuto tutte le difficoltà proprie di un adolescente. Ma...

cfr. Luca 2,41-52

Figlio mio, perché?

Dopo tre giorni di ricerche trovarono Gesù nel tempio: era là, seduto in mezzo ai maestri della legge: li ascoltava e discuteva con loro. Tutti quelli che lo udivano erano meravigliati per l'intelligenza che dimostrava con le sue risposte. Anche i suoi genitori, appena lo videro, rimasero stupiti, e sua madre gli disse: «Figlio mio, perché ti sei comportato così con noi? Vedi, tuo padre e io ti abbiamo tanto cercato e siamo stati molto preoccupati per causa tua». Egli rispose loro: «Perché cercarmi tanto? Non sapevate che io devo essere nella casa del Padre mio?». Ma essi non capirono il significato di quelle parole. Gesù poi ritornò a Nazaret con i suoi genitori e ubbidiva loro volentieri.

E-mail di un ragazzo d'oggi a Gesù

Caro Gesù, questa tua "scappatella" mi piace molto e, nello stesso tempo, mi fa un po' rabbia.
Mi piace perché, almeno in questa vicenda, mi assomigli molto.
Anche a me viene spesso voglia di essere più indipendente, di andarmene via di casa o di fare una qualche "fuga" da scuola per fare ciò che più mi interessa.
Mi accorgo di essere anch'io a volte un po' duro con i miei genitori, sempre troppo preoccupati per me, quando rispondo loro in tono deciso. Anche loro spesso non capiscono le mie parole e le aspirazioni del cuore che esse sottendono.
Però, caro Gesù, tu mi fai un po' rabbia perché mi sembri troppo perfetto.
Tu, a soli dodici anni, avevi già chiaro in mente cosa volevi fare

da grande (parlare a tutti della paternità di Dio): io ho davanti a me mille strade, cento progetti e sono in gran confusione.
Tu eri molto intelligente e ti appassionavi a fare domande: io tiro a campare e la scuola spesso mi annoia.
Tu eri entusiasta di andare al tempio, io vado malvolentieri a messa.
Tu avevi un padre silenzioso, ma sempre presente: il mio urla spesso, ma non c'è mai! Tu avevi maestri che ti ascoltavano con attenzione: io non trovo quasi nessuno che sappia leggere gli ideali che porto in me.
Tu sei ritornato a casa trasformato dalla Parola ascoltata e meditata: io torno spesso rintronato dai mille messaggi che ricevo ogni giorno o dalla musica assordante del mio walkman.
Alla fin fine, però, mi accorgo anche di assomigliarti un po': ho bisogno della presenza e della guida di adulti attorno a me, so di dovermi impegnare a scuola e ritorno ai miei doveri quotidiani. Fa' che, come te, cresca in tutte le dimensioni: in età, diventando un adulto maturo; in sapienza, cioè non s-centrato ma con un progetto preciso; in grazia, avendo te come amico che mi dà forza e coraggio.

Pensa all'ultima settimana. Poi sul tuo diario scolastico scrivi in una pagina le cose belle capitate in famiglia e a scuola, in un'altra le cose spiacevoli o da evitare. In fondo, poi, scrivi un tuo atteggiamento che vuoi cambiare. «Sbagliando si impara», o si viene mortificati? Qual è la tua esperienza in famiglia e a scuola? Qualunque sia la tua risposta, sai maturare attraverso gli sbagli commessi?

L'eco delle parole

Ricordo con commozione un mattino in cui, camminando con mia madre da casa alla chiesa, mostrando a me piccolo ragazzo di dieci anni l'alba in cui una stella sola rimaneva a brillare nella luminosità sterminata del cielo, lei mi disse: «Come è bello il mondo e come è grande Dio!».

Luigi Giussani

Credo nell'amore

Alcuni mesi fa, con due miei amici, ho commesso una "furbata": abbiamo rubato alcuni oggetti in un grande supermarket. Come tre "polli", siamo stati subito beccati. Arrivò mio padre, parlò col direttore, pagò la merce rubata e questi non ci denunciò. Quando uscimmo dal supermarket ci disse: «Io ho tamponato una falla, ma ricordatevi che siete voi i responsabili della vostra barca». Da allora, non ha più accennato a quell'episodio e non ha mai emesso condanne, né per me né per i miei due amici. Stralciò solamente, dalla paga settimanale, il conto pagato al supermarket. Mia madre, quando seppe il tutto, divenne molto triste e preoccupata, ma anche più attenta a me, a quanto dicevo, ai miei interessi e preoccupazioni. Mio padre, invece, cominciò ad interessarsi di quei due miei amici. Quando seppe che uno di loro non aveva più il padre, mi suggerì di chiamarli ambedue a cena con noi. Diventarono così quasi "di casa". Ieri sera, a tavola, come per caso, mio padre mi chiese: «Tu in cosa credi?». Io ho risposto: «Forse è un po' retorico, ma io credo nell'amore perché l'ho visto in voi».
Mia madre, commossa, ha detto semplicemente: «Grazie!».

A.L.

SMS
SII MOLTO
SERVIZIEVOLE

«La nostra non è una religione, ma un servizio»
(Parole di Gesù ne *Il Quinto Evangelio* di Mario Pomilio)

Parole come ordigni:

- ***Frasi-Tritolo*** (sembrano innocue ma non lo sono): «La mamma del tale glielo lascia fare».
- ***Frase-Bazooka*** (lasciano dietro a sé fuoco e fiamme): «Appena posso, me ne vado da questa casa».
- ***Frase-Missile-Intelligente:*** «Mamma, è cambiato secolo!».
- ***Frasi-Mitragliatrici:*** «Non mi capite!... Non capite niente!... Con voi è inutile parlare».
- ***Proiettile-al-cuore:*** «In questa casa io sono di troppo!».
- ***Mina anti-uomo*** (taglia le gambe): «Qui nessuno mi vuole bene!».

(Aggiungi il tuo personalissimo repertorio...).

. . . .

. . . .

. . . .

. . . .

. . . .

Decalogo in famiglia

1 La famiglia è un impegno da portare avanti insieme, non una mucca da mungere quando torna utile.

2 Non vivi in un albergo, ma in una casa. Non considerare, quindi, la mamma come una serva.

3 Non essere come il cuculo che vive sfruttando il nido altrui. Per dare il tuo apporto alla conduzione della casa basta rifare il letto, mantenere in ordine la tua stanza, portare l'immondizia nel bidone...

4 Tua madre e tuo padre non sono robot: hanno i loro momenti di debolezza, di noia, di stanchezza.

Atto di carità

Mio Dio, ti amo con tutto il cuore
sopra ogni cosa,
perché sei bene infinito
e nostra eterna felicità;
e per amor tuo amo il prossimo
come me stesso,
e perdono le offese ricevute.
Signore, che io ti ami sempre più!

5 Gli alieni esistono… in tante famiglie!
In casa non essere muto come un pesce.
I genitori hanno diritto, almeno, alla stessa cortesia
che dimostri con gli amici.

6 Non accorgerti solo quando la minestra è scotta,
ma anche quando il dolce è buono.

7 Gli esseri umani sono dei mammiferi: hanno bisogno
di tenerezza. Anche i genitori sono esseri umani.
Non occorre molto fiato per dire: «Grazie»
o «Se non vi dispiace».

8 Non essere brevissimo quando telefoni dalla cabina
e lunghissimo quando telefoni da casa.

9 Non cresci da solo! Cerca la tua indipendenza,
ma chiedi anche consiglio ai tuoi genitori.
È bello, utile, e poi non è così difficile,
dire: «So bene che tocca a me decidere,
ma desidero il vostro parere…».

10 I tuoi genitori non sono nati “educatori perfetti”
e tu non sei nato adulto.
Ma potete imparare dialogando:
loro ad essere più genitori, e tu, più figlio.

Famiglia – Scuola

«La famiglia è il luogo in cui si è trattati meglio, e dove si brontola di più». (Garland Pollard)

«Mia figlia ha detto che sono una s...... Però ha detto che mi vuole bene. Ma non le piaccio. Dice che mi rispetta, ma non vorrebbe diventare come me. Insomma, abbiamo un normalissimo rapporto madre-figlia». (Neil Simon)

«Mi piace molto andare a scuola, e ancor di più il tornare da scuola. È quel che ci sta in mezzo che mi crea problemi». (Anonimo)

Acrostici di "scuola":

Società	Se	Sono
Che	Cerchi	Così!
Unisce	Un	Umilio
O	Otto	Ogni
Lacera	L'	Limitato
Atrocemente	Avrai	Alunno
Spiegami	Simpatica	*(continua tu...)*
Con	Combriccola!	S . . .
Umanità	Unico	C . . .
Oppure	Ostacolo	U . . .
Lasciami	L'	O . . .
Andare	Apprendimento	L . . .
		A . . .
Siamo	Sta	. . .
Certamente	Cambiando	. . .
Un	Ultimamente	. . .
Operoso	Oppure	. . .
Lieto	Lentamente	. . .
Alveare	Affonda?	

Preghiera di un genitore

Dammi un figlio, Signore,
che sia forte tanto da capire
quanto è debole;
che sia fiero e risoluto nella sconfitta
e gentile nella vittoria;
che sia abbastanza coraggioso
da affrontare se stesso
quando ha paura.

(Douglas Mac Arthur - cfr. Salmi 127 e 128)

Preghiera di un figlio

Signore Gesù, anche tu per crescere
hai avuto bisogno di un padre e una madre.
Grazie per i miei genitori!
Cosa sarebbe stata
la mia vita senza di loro?
Perciò ti chiedo, Signore:
dona loro un'amorevole tenerezza
perché mi stiano vicini senza soffocarmi;
una profonda saggezza, perché sappiano
orientarmi verso il bene senza opprimermi.
Dona loro, soprattutto, tanta pazienza,
così che perseverino nel giusto,
anche quando sono indisponente
coi miei atteggiamenti irritanti.
Benedici, Signore, i miei genitori!
Benedici tutti coloro
che mi vogliono bene
e contribuiscono
alla mia crescita.
Possano raccogliere,
in me adulto e maturo,
il frutto di tanti
loro sacrifici.

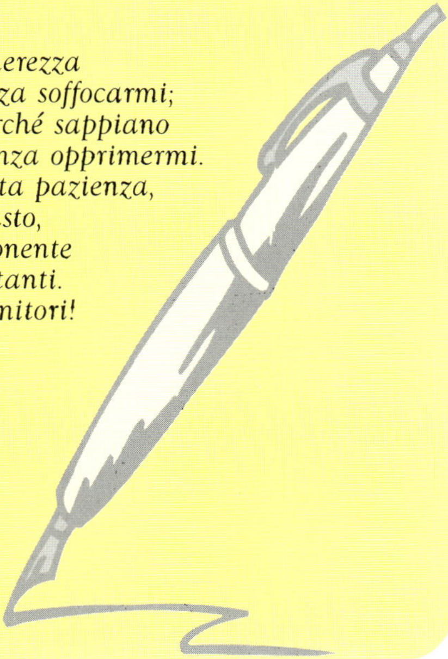

«L'attrattiva del nostro, come di tutti i tempi, è ciò che di più umano e di più divino si possa pensare, Gesù e Maria: il "Verbo di Dio" figlio di un falegname; la "sede della sapienza" madre di casa. È un'indicazione perché il cristiano si mescoli nella realtà informandola del divino, così come si inzuppa un frusto di pane nel vino.

(Chiara Lubich)

13. Mi butto o NON mi butto?

Probabilmente Pietro non era molto diverso da te. Impulsivo, testardo, apparentemente sicuro di sé, pieno di amore per Gesù a parole, ma sotto sotto un insicuro, con la paura di essere sommerso dalle onde e pronto al tradimento se la testimonianza costava troppo... Eppure, sbagliando, ha imparato.

Marco 14,25-31

«Coraggio, sono io!»

Sulla fine della notte, Gesù andò verso i suoi discepoli camminando sul lago. Quando essi lo videro camminare sull'acqua si spaventarono. Dicevano: «È un fantasma!», e gridavano di paura. Ma subito Gesù parlò: «Coraggio, sono io! Non abbiate paura!». Pietro rispose: «Signore, se sei tu, dimmi di venire verso di te, sull'acqua». E Gesù gli disse: «Vieni!». Pietro scese allora dalla barca e cominciò a camminare sull'acqua verso Gesù. Ma vedendo la forza del vento, ebbe paura, cominciò ad affondare e gridò: «Signore! Salvami!». Gesù lo afferrò con la mano e gli disse: «Uomo di poca fede, perché hai dubitato?».

(Intervista a Pietro)

«Ma quanto mi ami?»

D. «Pietro, che tipo eri? Parlaci un po' di te».

R. «Ero impulsivo, testardo, mi arrabbiavo con poco e a volte mi irrigidivo sulle mie posizioni. Però ero anche generoso: quando qualcosa mi entusiasmava mi buttavo senza fare calcoli».

D. «Parlaci del tuo rapporto con Gesù di Nazaret».

R. «Gli volevo bene. Mi affascinava. Per lui avevo lasciato tutto ed ero disposto a tutto. Sentivo che Gesù mi chiamava a una avventura entusiasmante, verso un oceano misterioso e attraente».

D. «Per questo hai chiesto di camminare sulle onde?».

R. «Sì. Non volevo essere come gli altri, sicuri sulla barca: volevo saggiare le mie forze, superare i miei limiti; e poi volevo essere come Gesù, fare ciò che faceva lui. Non credevo di essere così pauroso… e con una fede così fragile».

D. «Scusa se tocchiamo un tasto doloroso… Parlaci del tuo tradimento».

R. «Sul lago, prima ho gridato al fantasma, poi sono diventato spavaldo, poi ho urlato per lo spavento. Ero fatto così, un concentrato di contraddizioni. Mi sono comportato così anche in quella notte: prima ho assicurato a Gesù di essere pronto a morire con lui, poi ho avuto paura e ho giurato di non averlo mai conosciuto. Non dimenticherò mai il suo sguardo, quando è uscito ormai condannato dalla casa di Caifa».

D. «Nel tuo rapporto con Gesù, qual è stata la difficoltà maggiore?».

R. «Far cadere tutte le mie difese, seppellire il mio orgoglio, lasciarmi amare».

D. «Dopo quel momento, qual è stato l'incontro più bello che hai avuto col Maestro?».

R. «Sul lago, quando lo abbiamo visto a riva, dopo una notte di pesca improduttiva. Giovanni l'ha riconosciuto e io mi sono buttato per arrivare prima degli altri. Davanti a lui mi sentii impacciato, vergognoso. Pensavo mi rimproverasse (era il minimo che potesse fare!). Invece, dopo aver mangiato in silenzio tutti insieme, mi prese in disparte e mi chiese se gli volevo bene... se gli volevo bene con tutte le mie forze, più di tutti gli altri... per tre volte me l'ha chiesto, tante quante erano state quelle in cui avevo detto di non conoscerlo. In quel momento, mentre dicevo i miei "sì", mi sentii allargare il cuore, mi vidi accolto con tutto il mio peccato ma anche con tutta la mia capacità di amare. In quel momento divenni veramente "Pietro", la "roccia" punto di riferimento per gli altri, pronto a prendermi cura di tutti i miei fratelli».

- Se la tua fede fosse un paesaggio, come la dipingeresti?
- Se Gesù è per te un fantasma, quali ne sono i motivi? (noia, abitudine, i dubbi, i preti, le difficoltà...).
- Quali sono i momenti, le occasione in cui "la tua barca" è particolarmente agitata? Normalmente come reagisci? Chiedi aiuto al Signore o le "tempeste" sono un motivo per credere di meno?

Vi sono navi

Vi sono navi che rimangono ferme nel porto, per timore che le correnti le spingano troppo lontano. Desiderano le grandi distese marine, eppure la paura è più forte, e così non salperanno mai.
Conosco altre navi che si arrugginiscono nei porti senza mai osare issare le vele: anche se ancora giovani, sono già vecchie.
Conosco delle navi che si dimenticano di salpare, che hanno paura del mare, e così non hanno mai solcato le onde. Vivono da annoiate, attraccate al molo: il loro viaggio è terminato prima ancora di iniziare.
Ma conosco anche navi che viaggiano l'una al fianco dell'altra, per affrontare il maltempo quando si avvicina la tempesta. Esse non cessano di incontrarsi, ogni giorno della loro vita, per poi ritrovarsi di nuovo.
Conosco navi che dal di fuori sembrano uguali perché sono state per anni sotto lo stesso sole.
Conosco navi che tornano dall'avventura, dopo aver navigato tanto senza chiudere mai le loro ali da giganti: anche quando sono al sicuro nel porto, hanno un cuore grande come l'oceano.

La forza della fede: testimonianza di Martin L. King

Ero a Montgomery per organizzare manifestazioni a favore dei diritti dei neri. Dopo una giornata particolarmente dura, andai a letto a ora tarda. Mia moglie già dormiva e io mi stavo addormentando, quando il telefono squillò. Una voce irosa disse: «Sta' a sentire, negro, ne abbiamo abbastanza di te. Prima della prossima settimana, rimpiangerai di essere venuto qui». Io riattaccai, ma non potei dormire. Mi alzai dal letto e cominciai a camminare per la stanza; infine andai in cucina e mi scaldai una tazza di caffè. Ero pronto a darmi per vinto. Quasi esaurito, quando il mio coraggio era quasi svanito, decisi di portare il mio problema a Dio. Pregai ad alta voce, dicendo: «Sono venuto qui a prendere posizione per ciò che credo giusto. Ma ora ho paura. La gente guarda a me come a una guida, e se io sto davanti a loro senza forza né coraggio, anch'essi vacilleranno. Sono al limite delle mie forze. Non mi rimane nulla. Sono arrivato a un punto tale che non posso lottare da solo».
In quel momento sperimentai la potenza di Dio come non l'avevo mai sperimentata prima. Mi sembrava di poter sentire la tranquilla sicurezza di una voce interiore che diceva: «Prendi posizione per la verità. Io sarò sempre al tuo fianco». Quasi subito le mie paure cominciarono ad allontanarsi da me. Fui pronto ad affrontare qualsiasi cosa. La situazione esterna rimaneva la stessa, ma Dio mi aveva dato la calma interiore.

SMS
SALVEZZA, MERAVIGLIATO STUPORE!

«La fede e il calcolo sono come due rette parallele: non si incontrano mai».
(Yvette Bateau)
«L'ignoto genera paura, il Mistero genera stupore».
(Motto di un Meeting di Rimini)

Tre notti dopo, la nostra casa esplose. Abbastanza stranamente, accolsi la notizia con calma. La mia esperienza con Dio mi aveva dato nuova forza e fiducia.

«Signore, salvami!»: testimonianza di Giuseppe Soffiantini

(industriale rimasto in mano ai sequestratori per 237 giorni, nel 1997)

Ho pregato tanto in quei giorni di anticamera della morte. «Signore, salvami!», ripetevo. Ho scoperto un'intimità con Dio che mi ha aiutato molto. Egli è morto per noi, compiendo un grande gesto d'amore. Ho scoperto che l'amore è l'unico sentimento che dà valore alla vita.
Ora che sono libero, penso che il solo modo di ringraziare il Signore per avermi fatto uscire da una esperienza così terribile è il perdonare. Sono una persona normale che, dopo aver toccato la mano di Dio che mi ha fatto risalire dal baratro, ha deciso di perdonare.
Il perdono è parente dell'amore.

Le tre virtù teologali

1. *Fede.*
2. *Speranza.*
3. *Carità.*

Letture suggerite per chi si è "buttato":

Rischio

Chi fa, qualche volta sbaglia. Chi non fa, sbaglia in continuazione.

(Don Alberione)

Il vecchio e il mare di Hemingway: *«È stupido non sperare – pensò il vecchio –. E penso che sia peccato».*

Giona (Antico Testamento): *«L'acqua mi è salita fino alla gola, il mare mi ha coperto completamente ma tu, Signore Dio mio, mi farai uscire vivo dalla fossa» (Preghiera nella balena).*

Pinocchio: *«Babbino mio, non ti lascio più, mai più!» (cap. XXXV: nel ventre della balena).*

Moby Dick di Melville: *«Annientami pure, balena, tu che tutto distruggi; ma vincermi, non mi vincerai mai! Io lotto con te fino alla fine, e ancora ti colpisco!».*

La linea d'ombra *(canzone di Jovanotti): «Mi offrono un incarico di responsabilità. Domani andrò giù al porto e gli dirò che sono pronto a partire. Quando passerà il monsone dirò: "Levate l'ancora, dritta avanti tutta, questa è la rotta, questa è la direzione, questa è la decisione"».*

Prendi il largo,
abbi il coraggio di affrontare le onde
che ti porteranno in mare aperto,
in un battesimo di schiuma e di sole.
Gli abissi sono pronti a inghiottirti,
ma io so calmare le tempeste
e far tacere l'uragano.
Se c'è tempesta intorno a te,
se non vedi la riva,
se ti succede di non sapere
nemmeno chi sei o dove sei,
prendi la mia mano:
io sono lì al tuo fianco.
Appoggiati a me e fammi salire
sulla tua barca. Abbracciandomi,
troverai il coraggio: io desidero
che tu sappia solcare le onde!

(Firmato: DIO)

La mia avventura

O Signore, sto crescendo:
questa è la mia avventura.
Ogni mattina mi ritrovo diverso:
tutto questo è stupendo,
ma mi dà dei fastidi.
Mi sento strano, inquieto,
e il bello è che non riesco
a sapere bene il perché.
Passo dall'entusiasmo alla tristezza,
dall'allegria al nervosismo.
Desidero tuffarmi nel mare della vita,
eppure ho paura di affondare
appena si alzano le onde.
Sono momenti. Eppure sono miei.
Devo affrontarli.
Non voglio lasciarmi vivere.
Perciò tienimi tu per mano,
non abbandonarmi mai!

(cfr. Salmo 86)

«Oggi il Cristo rivolge a voi la stessa domanda che fece a Pietro: Mi vuoi bene? Non vi domanda di saper parlare alle folle, di saper dirigere un'organizzazione, di saper amministrare un patrimonio. Vi domanda di volergli bene. Tutto il resto verrà di conseguenza. L'importante è di rimanere sulla strada, di continuare il cammino senza perdere di vista la meta, fino al giorno in cui potrete dire con tutto il cuore: "Tu lo sai che ti amo!"».

(Giovanni Paolo II, *Ai giovani del "Forum Internazionale"*, 17 agosto 2000)

14. Incredibile fede!

È passato alla storia come colui che "non ci crede se non ci mette il naso". In questo assomiglia molto a ciascuno di noi. Ma Tommaso è arrivato a pronunciare la più bella professione di fede: «Signore mio, Dio mio!».

Giovanni 20,26-29

Sii credente

Otto giorni dopo, i discepoli erano di nuovo lì, e c'era anche Tommaso con loro. Gesù venne, si fermò in piedi in mezzo a loro e li salutò: «La pace sia con voi». poi disse a Tommaso: «Metti qui il dito e guarda le mani; accosta la mano e tocca il mio fianco. Non essere incredulo, ma credente!». Tommaso gli rispose: «Mio Signore e mio Dio!». Gesù gli disse: «Tu hai creduto perché hai visto; beati quelli che hanno creduto senza aver visto!».

Non sei un po' esagerato?

(E-mail a Gesù)

Caro Gesù, è molto bello ciò che dici e comandi, ma non sei un po' esagerato?
Non ha forse ragione quel papà che diceva a suo figlio dopo la Cresima: «Col catechismo, stop: hai finito di sognare. Ora comincia la vita!»?
Non parlo solo di me o dei miei coetanei, ma di noi tutti, anche del mondo degli adulti, di quelle persone che cioè sono già formate e mature.

C'è stata qualche occasione in cui hai avuto paura di professare apertamente la tua fede o, viceversa, in cui hai avuto il coraggio di esporti? Quali le reazioni? Come ti sei sentito dopo? Scrivi un tuo personalissimo *Credo*.

Ad esempio, il tuo comando unico, il più importante è: «Amatevi come io vi ho amato»: una parola! Tu con i mercanti non andavi molto d'accordo, invece noi dell'amore abbiamo fatto un fiorente mercato: con l'amore materno vendiamo pannolini, con l'affetto familiare pasta al ragù. Tu per amore hai dato fino all'ultima goccia di sangue, da noi l'amore gocciola di "profumi e balocchi". Il tuo è un cammino duro tra una grotta e un colle: il nostro è goderci mari e monti. Il tuo è cingerti i fianchi con un grembiule per lavare i piedi agli amici; il nostro è metterci in tuta per andare a fare jogging. Il tuo è diventare pane per essere masticato; il nostro è la scatola di cioccolatini per la festa del papà o della mamma. Il tuo è piangere con chi piange; il nostro è ridere di chi piange.
Però io so che hai ragione tu, Signore: il tuo esempio, le tue parole mi danno gioia profonda quando riesco a metterle in pratica: ma quanto è difficile e faticoso seguirti anche nelle piccole cose!
Tu hai detto che è beato chi crede senza vedere. Ma io sono fragile, sto ancora crescendo. Credo, Signore, ma tu aiutami a credere! Mi piacerebbe tanto vedere, se non fisicamente te,

almeno tanti adulti coerenti attorno a me. Invece, faccio fatica a riconoscerti in un mondo in cui l'esodo più importante è quello di agosto, il confessionale più attraente è quello del Grande Fratello; dove il paradiso è il luogo dove gustare il miglior caffè, e le "buone azioni" non sono nobili gesti del cuore ma quelle ben quotate in Borsa. Perciò scusami molto se spesso assomiglio tanto a Tommaso

Dieci consigli per chi vuol vivere da "pacifico"

Chi guarda quelli che si tuffano tenendosi ben distante dall'acqua, non rischia di bagnarsi.
È meno faticoso stare seduti in tribuna che correre sulla pista dello stadio.
È meno pericoloso contare i pugni che riceverli.
Il modo migliore per evitare le critiche sulle responsabilità che si sono prese è quello di non prenderne. Se non ti assumi mai una responsabilità, non sarai mai criticato per quello che fai.
Scopri la tua creatività nella ricerca di pretesti per non impegnarti.
Se non dici niente, non verrai contraddetto.
Corri meno rischi a promettere che a comprometterti.
Chi si impegna suda.
Il sudore è umido. L'umidità fa male (vale ancora di più per chi "si butta").
L'ozio è il padre dei vizi, ma la fatica è la madre dei calli.
Per troppo riposo non è mai morto nessuno.
E, finalmente, per vivere da "pacifico", vivi coricato.
Fai meno che puoi, e quel poco fallo fare agli altri.

SMS
SENZA
MISURA
SEGUIRTI

«Dimmi cosa è grande per te e ti dirò se sei grande».
(Klaus Hemmerle)

«Cari giovani, nel duemila è difficile credere. Non è il caso di nasconderlo. È difficile, ma con l'aiuto della grazia è possibile».
(Giovanni Paolo II)

«Non credere di poter accendere negli altri la fede che non hai».

No all'indecisione perenne

Non aspettare un sorriso per essere gentile; non aspettare di essere amato per amare; non aspettare di rimanere solo per riconoscere il valore di un amico.
Non aspettare i professori migliori per cominciare a studiare e il più bel lavoro per cominciare a lavorare.
Non aspettare di avere molto per condividere un poco; non aspettare di avere tempo per donarlo agli altri.
Non aspettare di toccare il fondo per chiedere un consiglio.
Non aspettare un insuccesso, un dolore o un importante impegno per recitare una preghiera.
Non aspettare di tagliare i ponti per poterti riconciliare.
Non aspettare...

SEGNALETICA PER IL CIELO

- **Inversione di marcia: «Cambiate vita e credete a questo lieto messaggio».** (Marco 1,15)
- **Direzione obbligatoria: «Nessuno che ha messo mano all'aratro e poi si volge indietro, è adatto per il regno di Dio».** (Luca 9,62)
- **Divieto di sosta: Gesù non ha detto: «Io sono il divano, sdraiatevi», ma «Andate in tutto il mondo. Io sono con voi».** (Matteo 28,19-20)
- **Strettoia: «Stretta è la porta e angusta la via che conduce alla vita: pochi sono quelli che la trovano!».** (Matteo 7,15)
- **Senso unico: «Io sono la Via!».** (Giovanni 14,6)
- **Strada chiusa: «Chi non accoglie il regno di Dio come farebbe un bambino, non vi entrerà».** (Luca 18,17)
- **Vietato suonare il clacson: «Quando fai l'elemosina non suonare la tromba davanti a te come fanno gli ipocriti».** (Matteo 6,2)
- **Caduta massi: «Se avrete fede direte a questo monte: spostati da qui a lì! Ed esso si sposterà».** (Matteo 17,20)
- **Attenzione, pericolo: «È dal cuore che vengono tutti i pensieri malvagi che portano al male».** (Matteo 15,19)
- **Sosta vietata: «Tornato indietro li trovò addormentati per la terza volta, e disse loro: "Continuate a dormire?..."».** (Marco 14,41)
- **Fari in galleria: «Voi siete la luce del mondo... Così risplenda la vostra luce davanti agli uomini, perché vedano le vostre opere buone e glorifichino il Padre vostro che è nei cieli».** (Matteo 5,16)
- **Passaggio pedonale: «Chi non porta la sua croce dietro di me non è degno di me!».** (Matteo 10,38)

Atto di dolore

Mio Dio, mi pento e mi dolgo con tutto il cuore
dei miei peccati,
perché peccando ho meritato i tuoi castighi,
e molto più perché ho offeso te,
infinitamente buono
e degno di essere amato sopra ogni cosa.
Propongo col tuo santo aiuto di non offenderti mai più
e di fuggire le occasioni prossime di peccato.
Signore, misericordia, perdonami!

Fede

«Perché i pastori, ignoranti, hanno creduto agli angeli e noi, intelligenti, non crediamo al Pastore?». (Antonio Mazzi)

«Se l'uomo confidasse in Dio anche solo come confida nell'amico impiegato in comune o nell'usciere in parlamento, non avrebbe più paura di nessuno». (Carlo Carretto)

Se mi chiami Maestro, ascoltami.
Se mi chiami Luce,
apri gli occhi e guardami.
Se mi chiami Verità, credi in me.
Se mi chiami Cammino, seguimi.
Se mi chiami Vita, desiderami.

(firmato: DIO)

Per una vita diversa

O Dio, quando in me domina il dubbio,
mandami dei segnali che rischiarino il cammino.
Quando in me prevale il calcolo,
fammi essere generoso nel dare fiducia.
Quando tendo a nascondermi nel mucchio,
concedimi di essere soltanto me stesso.
Quando in me si impone l'egoismo,
purifica i miei progetti e le mie azioni.
Quando evito ogni responsabilità,
aiutami a dare il mio contributo.
Quando tiro avanti con noia,
scuoti la mia vita ripetitiva.
Quando mi fermo a lamentarmi,
insegnami a far tesoro
delle difficoltà.
Quando mi ritrovo complicato,
donami un cuore più semplice.
Quando vivo la fede con
abitudine,
effondi su di me il tuo
Spirito creativo.

(cfr. Salmo 107)

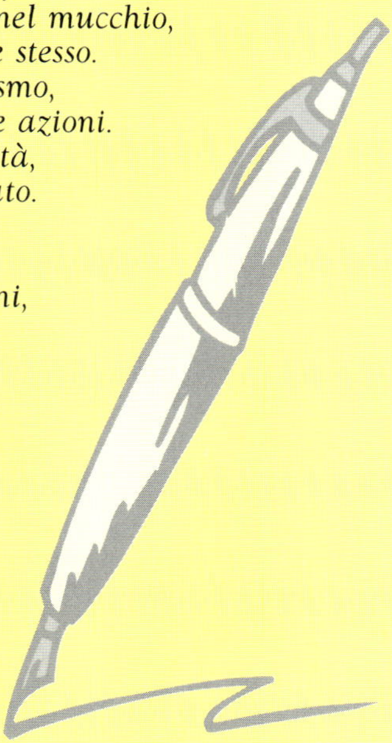

«Nelle intenzioni, Gesù sia il tuo fine;
negli affetti, il tuo amore; nelle parole,
il tuo argomento; nelle azioni, il tuo modello».

(san Josemaría Escrivá)

15. Generazione di fenomeni

È quella degli apostoli e dei primi cristiani. Animati dall'energia dello Spirito di Gesù, non hanno avuto paura di niente e di nessuno. Hanno affascinato con la loro vita i loro contemporanei. Hanno cambiato la storia!
Pure noi, oggi, ritornando alla fonte di acqua buona, possiamo insieme colmare la sete di bellezza che c'è in ogni uomo (anche se sepolta sotto uno strato di cianfrusaglie).

Atti 2,42-46

La vita nuova della comunità

Essi ascoltavano con assiduità l'insegnamento degli apostoli, vivevano insieme fraternamente, partecipavano alla Cena del Signore e pregavano insieme.
Dio faceva molti miracoli e prodigi per mezzo degli apostoli: per questo ognuno era preso da timore. Tutti i credenti vivevano insieme e mettevano in comune tutto quello che possedevano. Vendevano le loro proprietà e i loro beni e distribuivano i soldi fra tutti, secondo le necessità di ciascuno. Ogni giorno, tutti insieme, frequentavano il tempio. Spezzavano il pane nelle loro case e mangiavano con gioia e semplicità di cuore.

Intervista a Giovanni, colonna della Chiesa degli inizi

Lo ritroviamo presso la Porta Bella del Tempio, assieme a Pietro, dopo la preghiera della sera.

D.: «Sembrate godere di molta popolarità presso la gente. Come mai?».

R.: «Sì, è straordinario. Ma noi non c'entriamo. È lo Spirito che fa tutto: ci ha dato nuova energia, ci ha fatto tutto comprendere... e il nome di Gesù è così potente...».

D.: «Però il Sinedrio vi tiene d'occhio e vi ha anche imprigionati».

R.: «Sì, hanno fatto così anche con Gesù e noi siamo contenti di soffrire per lui. Ma non possiamo tacere la Bella Notizia che Gesù è il Messia, che egli ha inviato a noi il suo Spirito, segno che i tempi nuovi sono arrivati... Ecco la casa di Maria, la madre di Giovanni Marco. È qui che noi teniamo abitualmente le nostre riunioni di preghiera».

D.: «Che importanza ha ora nella vostra vita la lettura delle Scritture?».

R.: «Enorme! Ora finalmente comprendiamo la Bibbia. Lo Spirito Santo ci illumina. Noi sappiamo che essa parla tutta di Gesù».

D.: «Cos'è la "frazione del pane"?».

R.: «Non indica un pasto qualunque, ma quello che facciamo "in memoria" di Gesù, ripetendo quell'ultimo pasto che egli prese con noi prima di morire. Iniziamo il nostro pasto un po' soli, orfani, ma poi lui è lì, presente nel pane e nel vino. Io l'ho seguito fin sotto la croce, l'ho portato alla tomba. Ma ora non rievochiamo la storia di un morto: Gesù è vivo, è qui con noi!».

D.: «Avete delle formule per esprimere la vostra fede?».

R.: «Sì, molto semplici: "Io credo che Gesù è il Figlio di Dio". Oppure: «"Gesù è il Signore"».

D.: «Avete delle precise regole di condotta?».

R.: «La nostra sola regola di condotta è la persona di Gesù. Davanti a qualsiasi questione noi ci domandiamo: cosa avrebbe fatto Gesù in un caso simile? Questo ci fa ricordare molte delle sue parole e azioni: diventa chiaro, allora, che l'amore che lui ci ha manifestato è l'unica norma da seguire».

D.: «Un'ultima domanda. È vero che mettete tutti le vostre ricchezze in comune?».

R.: «Sì, ma è piuttosto una povertà in comune! Ciò che a noi pare essenziale è la comunione dei cuori. Poiché questa è profonda, le mani si sono aperte al dono: non ci si può sentire un cuore solo e un'anima sola se alcuni navigano nell'abbondanza e altri tirano la cinghia. Manifestiamo così che l'unico nostro tesoro è Gesù, il solo che possiede le parole per una vita autentica, gioiosa, eterna!».

Il Vangelo, che bella rivoluzione!

Francesco Saverio Van Thuan, Arcivescovo di Saigon in Vietnam, incarcerato nel 1975 e rimasto in prigione senza motivo per 13 anni (poi diventato cardinale e Presidente del Pontificio Consiglio della Giustizia e della Pace), racconta:
«In carcere, mostrando gentilezza e rivolgendo parole cordiali alle guardie, me le ero fatte amiche. Insegnai loro le lingue straniere (anche il latino) e il Vangelo.
Un giorno una di loro mi domandò a bruciapelo: "Il tuo Vangelo comanda di amare i nemici. Noi ti abbiamo tenuto in prigione per tanti anni senza nemmeno un processo, e tu ci ami? È impossibile. Probabilmente lo dici, ma non è vero". "Sono stato molti anni vicino a te, e tu hai visto che è vero".
"Quando tu sarai libero, non

SMS
SALVATORE, MIA SPERANZA

«Nel volto di Cristo noi contempliamo il nostro tesoro, la nostra gioia. Non una formula ci salverà, ma una Persona, e la certezza che essa ci infonde: Io sono con voi!».
(Giovanni Paolo II)

Testimonianza

«Se ti accusassero di essere cristiano, troverebbero delle prove contro di te?».
(Dietrich Bonhoeffer)
«Il buon Dio non ha scritto che noi fossimo il miele della terra, ma il sale». (George Bernanos)

manderai i tuoi fedeli a bruciare le nostre case, a uccidere le nostre famiglie?".
"No. Vi amo e basta. Gesù ci ha insegnato a vivere così. E se non lo facessi, non sarei più cristiano".
"È molto bello, ma è difficile da capire"».

Come i primi

È finito il tempo dei PC! Non sono più di moda. Se si parla di PC si rischia di non essere capiti; i più si domandano: «Che roba è?». Eppure sono stati e restano l'anima della vita. Precisi e puntuali al loro compito sono stati di grande aiuto a chi aveva qualsiasi forma di bisogno. Dotati di raffinata intelligenza non tenevano niente per sé: la loro ricchezza era per tutti. Con i PC ci si divertiva anche: si stava bene in loro compagnia. Non tutti erano perfetti! Qualcuno è venuto meno al suo dovere, provocando guai e fastidi: capita alle macchine e capita agli uomini. Le mani degli esperti ridavano a quei PC la possibilità di svolgere il loro servizio.
Si legge che all'inizio erano pochi: una settantina. In breve si sono moltiplicati, quasi per contagio. In tante case ce n'era uno, in molte due o tre. Visto i prodigi che compivano ogni giorno il numero cresceva.

I sette doni dello Spirito Santo

Sapienza
Intelletto.
Consiglio.
Fortezza.
Scienza.
Pietà.
Timor di Dio

Note

PC: abbreviazione di Primi Cristiani.

Caratteristiche tecniche: vedi gli Atti degli Apostoli, in particolare 2,42-47 e 4,32-37.

Processore: il più qualificato e sempre aggiornato è molto potente e si chiama Spirito Santo.

Programmi: pregare insieme e volentieri, servirsi l'un l'altro in caso di bisogno, dividere quello che si possiede, ascoltare con impegno l'insegnamento dei più grandi.

Valerio Antonioli - Flavio Crosta

Gesù, uno "della serie":

- **Uno di noi:** «Colui che è "la Parola" è diventato un uomo e ha vissuto in mezzo a noi uomini» (Giovanni 1,14).
- **Il Grande Fratello:** «Vi ho chiamato amici, perché vi ho fatto sapere tutto quello che ho udito dal Padre» (Giovanni 15,15).
- **"Carramba che sorpresa":** «Non abbiate paura, voi! So che cercate Gesù il crocifisso. Non è qui. È risorto come aveva detto» (Matteo, 28,5-6).
- **Domenica "in":** «Otto giorni dopo, Gesù venne, si fermò in piedi in mezzo a loro e li salutò dicendo: "La pace sia con voi"» (Giovanni 20,26).

Primi Cristiani, gente "della serie":

- **Striscia la (Bella) Notizia:** «Gli apostoli annunziavano con convinzione e con forza che il Signore Gesù era risuscitato. Dio li sosteneva con la sua grazia» (Atti 4,33).
- *Stasera pago io*: «Tra i credenti nessuno mancava del necessario, perché quelli che possedevano campi o case li vendevano, e i soldi ricavati li mettevano a disposizione di tutti» (At 4,34).
- **Operazione trionfo:** «Erano benvisti da tutta la gente. Di giorno in giorno il Signore faceva crescere il numero di quelli che giungevano alla salvezza» (At 2,47).
- **Saranno famosi:** «Guarito lo storpio, tutta la gente, piena

di meraviglia, corse verso Pietro e Giovanni nel portico detto di Salomone» (At 3,11).

- **Passaggio a Nord-Ovest:** «Navigando lungo la costa, giungemmo a Reggio. Il giorno seguente si levò il vento del sud e così in due giorni potemmo arrivare a Pozzuoli... Infine partimmo per Roma» (At 28,12-14).

Il testimone perfetto... secondo Giovanni

Ha in ***TESTA*** un solo pensiero: amare Dio e gli uomini: «Lo Spirito è il vostro maestro in tutto: egli insegna a verità e non la menzogna… Chi ama Dio deve amare anche i fratelli» (1Giovanni 2,27; 4,21).

Ha nelle ***ORECCHIE*** l'ascolto rispettoso e attento della Parola: «I suoi comandamenti non sono pesanti, perché chi è diventato figlio di Dio vince il mondo. È la nostra fede che ci dà la vittoria sul mondo» (1Giovanni 5,4).

Ha nella ***BOCCA*** un sorriso di gioia e di speranza: «Vi scriviamo tutto questo, perché la vostra gioia sia perfetta» (1Giovanni 1,4).

Ha nelle ***BRACCIA*** la resistenza e la forza di lotta per il regno: «Giovani, io vi dico che siete forti, che la Parola di Dio è radicata in voi e che avete vinto il diavolo» (1Giovanni 2,14).

Ha negli ***OCCHI*** la capacità di scoprire Dio in ogni uomo: «Chi ama suo fratello rimane nella luce, e non corre pericolo di inciampare» (1Giovanni 2,10).

Ha nelle ***MANI*** la disponibilità solidale: «Vogliamoci bene sul serio, a fatti. Non solo a parole o con bei discorsi» (1Giovanni 3,18).

Ha nei ***PIEDI*** la capacità di ripartire sempre di nuovo: «Chi vive nell'amore di Dio non ha paura. Anzi, l'amore di Dio è veramente perfetto in noi, caccia via la paura» (1Giovanni 4,18).

Ha nel ***CUORE*** la pace del suo Signore: «Anche se il nostro cuore ci condanna, Dio è più grande del nostro cuore» (1Giovanni 3,20).

Appena sono apparso ai miei amici,
Risorto, ho mostrato loro le mie
mani forate e il mio cuore lacerato.
Con quelle mani
ho innalzato il povero e l'escluso,
non ho gettato la pietra ma condiviso il pane,
ho portato la croce...
Con quelle mani ho fatto passare Tommaso
dal dubbio alla fede.
Ecco la tua missione: poni il tuo cuore
alla costruzione di un mondo nuovo,
prendendoti per mano con i fratelli.
Non lasciarti cadere le braccia
davanti al tuo peccato e al male del mondo.
La fede in me non risparmia le ferite,
ma ti dà il fiato del coraggio.
Ecco, io sono con voi per sempre!
Le tue mani siano il prolungamento del cuore:
e diventino le mie mani,
quelle che danno vita.

(Firmato: GESÙ)

Con tutto ciò che sono

Signore, benedici le mie mani,
perché le possa aprire
per scoprire i talenti che mi hai donato
e perché sappiano stringere altre mani
e dare senza calcolo.
Signore, rafforza i miei piedi,
così che sappia vincere la noia e l'apatia
e sappia affrontare tutte le paure,
così da poter serenamente camminare
con gli altri sul sentiero della vita.
Signore, tocca la mia bocca,
perché non dica niente che
possa ferire o distruggere, perché
sappia infondere ottimismo col sorriso
e pronunci solo parole sincere.

Signore, purifica i miei occhi,
perché possa scorgere i miei difetti
per affrontarli, vedere con chiarezza
tutte le mie capacità per valorizzarle
e guardare gli altri al di là delle apparenze.
Signore, pulisci le mie orecchie,
perché diventino sorde ai messaggi inutili
ma siano attente ai consigli
di chi mi vuole bene,
sappiano ascoltare le parole degli amici
e, soprattutto, udire la tua voce
che sempre mi parla.
Fa', o Signore, che io possa disporre di me,
con tutto ciò che ho e che sono;
che tu possa disporre di me,
con tutto ciò che ho e che sono!
E così sia!

(cfr. Salmo 119)

«Il mondo odierno ha bisogno di testimoni di quell'amore. Ha bisogno che voi siate il sale della terra e la luce del mondo. Il sale viene usato per conservare e mantenere sano il cibo. Quali apostoli del terzo millennio, spetta a voi di conservare e mantenere viva la consapevolezza della presenza di Gesù Cristo, nostro Salvatore, specialmente nella celebrazione dell'Eucaristia. Dovete mantenere viva la memoria delle parole da lui pronunciate, delle splendide opere di misericordia e di bontà da lui compiute. Il sale condisce e dà sapore al cibo.
Nel seguire Cristo, voi dovete cambiare e migliorare il "gusto" della storia umana».

(Giovanni Paolo II, XVII Giornata Mondiale della Gioventù, Toronto 2002)

16. C'è più GIOIA nel DARE

L'amore richiede un "morto": il tuo egoismo. Se riesci a "farlo fuori" sarai gioioso, libero, senza paure. L'amore infatti scaccia ogni paura e dona una vita buona!
Il frutto? La gioia!

Siate lieti!

Filippesi 4,4-6.8-9

Siate sempre lieti, perché appartenete al Signore. Lo ripeto, siate sempre lieti.
Tutti gli uomini vedano la vostra bontà. Il Signore è vicino! Non angustiatevi di nulla, ma rivolgetevi a Dio, chiedetegli con insistenza ciò di cui avete bisogno e ringraziatelo.
Prendete in considerazione tutto quel che è vero, buono, giusto, puro, degno di essere amato e onorato; quel che viene dalla virtù ed è degno di lode. Mettete in pratica quel che avete imparato, ricevuto, udito, visto.
E Dio che dà la pace, sarà con voi.

Tutto per Uno e Uno per tutto

Autobiografia che Paolo non sa di avere scritto

Sono un vero Israelita, appartengo alla tribù di Beniamino. Ebreo discendente di Ebrei, fui così zelante fino al punto di perseguitare la Chiesa: mi consideravo giusto perché seguivo la Legge in modo irreprensibile (Filippesi 3,5-6).
Ero addirittura fanatico. Ma Dio decise di rivelarmi suo Figlio, perché lo facessi conoscere ai pagani. Dopo che mi chiamò, non chiesi consiglio a nessuno, ma andai subito in Arabia. Poi tornai direttamente a Damasco. Solo tre anni dopo andai a Gerusalemme per conoscere Pietro. In seguito andai nelle regioni della Siria e della Cilicia. Quattordici anni dopo ritornai a Gerusalemme: quelli che hanno autorità riconobbero che Dio aveva affidato a me l'incarico di annunziare la parola di Cristo tra i non Ebrei (cfr. Galati 1,11-21; 2,1-10).
Io, tra gli apostoli, sono come un aborto. Infatti, io sono l'ultimo degli apostoli. Tuttavia, per grazia di Dio, io sono quello che sono. E la sua grazia non è stata inefficace (cfr. 1Corinti 15,3-10).
Sono un uomo libero. Non sono schiavo di nessuno. Tuttavia mi sono fatto schiavo di tutti, per portare a Cristo il più gran numero possibile di persone (1Corinti 9,19).
Mi sottopongo a dura disciplina e cerco di dominarmi per non essere squalificato proprio io che ho predicato agli altri (1Corinti 9,27).
In ogni situazione mi comporto in modo da non scandalizzare nessuno: sopporto con grande pazienza sofferenze, difficoltà e angosce. Sia per attaccare, sia per difendermi, ho una sola arma: vivere come piace a Dio. Sono tormentato, ma sempre sereno; povero, eppure arricchisco molti. Non ho nulla, eppure possiedo tutto (cfr. 2Corinti 6,3-10).
Ho affrontato pericoli mortali: cinque volte ho ricevuto le trentanove frustate dagli Ebrei; tre volte sono stato bastonato dai Romani; una volta sono stato ferito a colpi di pietra; tre volte ho fatto naufragio. E ancora: lunghi viaggi a piedi, pericoli di fiumi, pericoli di briganti, pericoli da

parte degli Ebrei e dei pagani, pericoli da parte dei falsi fratelli. Ho sopportato duri lavori ed estenuanti fatiche; ho trascorso molte notti senza potere dormire; ho patito la fame e la sete... E, oltre a tutto questo, ogni giorno ho avuto il peso delle preoccupazioni per tutte le comunità (cfr. 2Corinti 11,24-29)... Mi rallegro però della debolezza, degli insulti, delle difficoltà, delle persecuzioni e delle angosce che io sopporto a causa di Cristo, perché quando sono debole, allora sono veramente forte (2Corinti 12,10).
Sono stato portato da Dio, in visione, fino al paradiso. Lassù ho udito parole sublimi che per un uomo è impossibile ripetere (2Corinti 12,2-4).
Non sono più io che vivo: è Cristo che vive in me. La vita che ora vivo in questo mondo la vivo per la fede nel Figlio di Dio che mi ha amato e volle morire per me (Galati 2,20).
Io non sono ancora arrivato al traguardo, non sono ancora perfetto! Continuo però la corsa per tentare di afferrare il premio, perché anch'io sono stato afferrato da Cristo Gesù. (Filippesi 3,12)

Io per essere felice voglio...	**Perciò mi impegnerò a...**
....	....
....	....
....	....
....	....
....	....
....	....
....	....
....	....
....	....
....	....
....	....

Per vincere le malattie dell'anima

(indicazioni di san Paolo)

- **Asinite:** «Non comportatevi come persone senza intelligenza, ma cercate invece di capire che cosa Dio vuole da voi» (Efesini 5,17).
- ***Camaleontite***: «Non adattatevi alla mentalità di questo mondo, ma lasciatevi trasformare da Dio con un completo mutamento della vostra mente» (Romani 12,2).
- ***Coniglite***: «Io non mi vergogno del Vangelo, perché è potenza di Dio per salvare chiunque ha fede» (Romani 1,16).
- ***Ghirite***: «È tempo di svegliarsi... La notte è avanzata, il giorno è vicino. Buttiamo via le opere delle tenebre e prendiamo le armi della luce» (Romani 13,11-12).
- ***Tartarughite***: «Correte anche voi, come chi gareggia allo stadio, per ottenere il premio» (1Corinti 9,24).
- ***Elefantite***: «Dio ha scelto quelli che nel mondo non hanno importanza per distruggere quelli che pensano di valere qualcosa» (1Corinti 1,28).
- ***Pavonite***: «Nessuno si sopravvaluti, ma si valuti invece nel modo giusto, secondo la misura della fede che Dio gli ha dato» (Romani 12,3).
- **Cinciallegrite:** «Se la comunità si riunisce, e tutti si mettono a parlare in lingue sconosciute ed entrano degli estranei, che cosa accadrà? Diranno che siete pazzi! Perciò tutto sia fatto con dignità e con ordine» (1Corinti 14,23.39).
- ***Ienite***: «Lasciatevi guidare dall'amore di Dio e fatevi servi gli uni degli altri. Se vi comportate come bestie feroci, mordendovi e divorandovi tra voi, fate attenzione: finirete per distruggervi gli uni gli altri» (Galati 5,13.15).

SMS
SORRIDENDO MI SALVO

«Non domandare a Dio di renderti felice, ma utile. La felicità verrà dopo». (Margaret Mitchell)

«La nostra gioia è il modo migliore di predicare il cristianesimo». (Madre Teresa di Calcutta)

Beatitudini per il Terzo millennio

- Beato chi riconosce i propri limiti e fragilità ma crede pure di avere qualcosa da dare che soltanto lui può dare: contribuirà alla crescita del tutto.
- Beato chi accetta le proprie debolezze senza ingigantirle e non si sente obbligato a crearsi attorno delle corazze per nascondere la propria vulnerabilità: la potenza della vita sprigionerà da ciò che è realmente.
- Beato chi non si proibisce di esprimere le proprie paure, chi non assassina la propria sensibilità e non teme di piangere: le sue lacrime si trasformeranno in perle preziose.
- Beato chi crede nella logica del seme: chi sa impegnarsi senza far rumore e segue la verità che avverte chiaramente nel proprio cuore.
- Beato chi, in un mondo che ama le cose e usa le persone, impara ad usare le cose e ad amare le persone: darà frutti abbondanti.
- Beato chi sa tramutare la spada della separazione nel rastrello dell'unione: chi fa del braccio un abbraccio: sarà riconosciuto figlio della pace.
- Beato chi crede che un debole più un debole non formano due deboli, perché l'unione è una grande forza, e abbracciati si può volare alto.
- Beato chi avverte il desiderio di giustizia, così come i morsi della fame e della sete. Chi sa rimetterci del proprio per colmare i bisogni altrui: sarà un po' più povero, ma arricchirà molti.

I due comandamenti di carità

1. Amerai il Signore tuo Dio, con tutto il tuo cuore, con tutta la tua anima e con tutta la tua mente.
2. Amerai il prossimo tuo come te stesso.

Utopia

«Noi ci saremmo accontentati di tre locali più servizi, mentre Dio ci prepara le eterne praterie del cielo!».
(Giacomo Biffi)

- Beato chi supera la paura di incontrare opposizioni e resistenze. Beati coloro che accettano persino di essere perdenti nell'immediato, che a violenza rispondono sereni e dignitosi per amore dell'unica possibile armonia.

Siamo stanchi e non ne possiamo più di opportunisti e cinici che, sfarfalleggiando, pensano solo ai propri meschini interessi; di forti che, per essere rispettati, minacciano e feriscono; di potenti, abituati alla frode, che giocano di destrezza; di furbi che svuotano il diritto, se ne approfittano, e se la cavano comunque! Guai a loro, perché affondano nel torbido e fanno annegare molti nel marciume. Abbiamo bisogno di uomini veri, amabili e nonviolenti, che sappiano coniugare tenerezza e vigore, forza e dolcezza, aggressività e mitezza. Abbiamo bisogno di uomini nobili che sappiano dire la verità con fermezza e amore; di puri e semplici, di persone libere e un po' pazze, che ci sconvolgano e ci inquietino!

Non avere paura, sono risorto,
sono sempre con te. Sei così prezioso
ai miei occhi che per te ho dato il mio sangue.
Ho vinto il male, il peccato.
Non sei più solo, non sei abbandonato.
Lasciati condurre da me:
io conosco la strada della gioia piena.
Mentre ti libero dalle tue paure,
tu aiuta gli altri a riconoscere le loro
e ad affidarsi a me.
Dona gratuitamente, con un sorriso,
fiducia, speranza, ottimismo.
Io ho bisogno della tua collaborazione
per continuare a sconfiggere il male
e per promuovere la vita.

(Firmato: GESÙ)

Salmo della vita

Voglio vivere, Signore, con forza
e allegria: una vita piena,
autentica, operosa, felice.
Sono giovane e voglio vivere
la mia vita fino in fondo;
sono giovane e, a dire il vero, a volte
non so che cos'è vivere;
sono giovane e cerco delle strade, anche se
non ho ancora trovato il cammino giusto.
Sono giovane e cerco la libertà
in ciò che faccio;
voglio sentire e provare
fino in fondo che cosa è la vita;

desidero toccare, affrontare, far mio
tutto ciò che incontro sul mio cammino;
voglio, Signore, dare senso
a questa unica vita che ho.
Perciò voglio fare:
della bellezza
la luce per i miei occhi;
della speranza
la forza per andare avanti;
della preghiera
un luogo di incontro con te;
dell'umiltà
la base di ciò che sono;
della giustizia
un cammino verso
il fratello ferito;
della carità
la norma
della mia condotta.
Ascolta questi miei propositi
e cammina tu al mio fianco!

cfr. Salmo 146

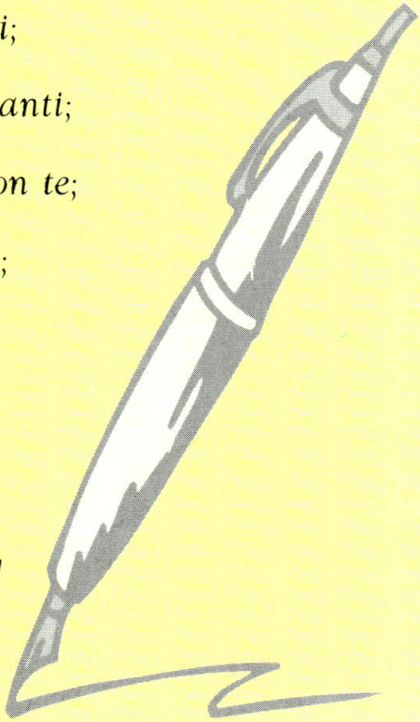

«Abbiamo il potere di essere in paradiso con Dio già adesso, di essere felici con lui anche in questo momento, se amiamo come lui ama, se aiutiamo come lui aiuta, se doniamo come lui dona, se serviamo come lui serve».

(Madre Teresa di Calcutta)

AUGURIO

Ti auguro, amico, di crescere in saggezza
rimanendo sempre giovane di dentro.
Che dal tuo cuore tutte le paure si allontanino
così che tu ti possa aprire alla Vita autentica.
Si allontani da te lo sconforto
per gli sbagli commessi,
così che le tue orecchie si aprano
all'armonia dell'universo
e alla tua anima giungano parole di verità.
Fugga via da te l'ansia per gli impegni futuri
così che la tua bocca susciti fiducia
e la tua voce si faccia canto.
Possa tu vincere l'angoscia
per le difficoltà che incontri,
così che i tuoi occhi rispecchino
il fulgore delle stelle
e si illuminino di intensa felicità.
Svanisca in te l'amarezza di pensare
che il Signore ti abbia dimenticato,
così che tu possa credere nella bontà
di tutto ciò che esiste
ed essere riconoscente
per la bellezza del tuo esistere.
Che la tua fronte tocchi serena il cielo
mentre i tuoi piedi camminano sicuri sulla terra.
Possa tu essere tempio santo del Dio vivente,
perché egli non si è scelto
altro santuario che il tuo cuore!

POSTFAZIONE
(quasi una *Conclusione*)

A questo punto forse qualcuno si chiederà:
«Quali furono i risultati
della singolare iniziativa di Don Paolo?».
Poiché non siamo la Doxa,
non abbiamo statistiche precise.
Chi continuò a frequentare il gruppo,
pose le varie tematiche come base di discussione
e di approfondimento nelle riunioni settimanali.
Sappiamo, però, che alcuni di coloro che avevano
smesso di frequentare il gruppo erano attenti alla
Posta elettronica in arrivo e andavano a leggere,
a volte anche per semplice curiosità,
le e-mail che giungevano puntualmente.
Alcuni di costoro, in occasione di particolari temi cui
erano particolarmente interessati (es. l'amore!) fecero
capolino per qualche incontro nella sede del gruppo.
Sappiamo, poi, che durante la benedizione delle
famiglie, il Parroco aveva notato in parecchie case
i fogli stampati di tale Posta, magari sul comodino
della sorella più grande, accanto al settimanale
femminile della mamma o di fianco al computer
del papà.

INDICE

Stampa
Centro Stampa srl - Bra (Cn)
Printed in Italy